•
•
•

인생에 주어진 의무는 다른 아무것도 없다네.
그저 행복하라는 한 가지 의무뿐.
우리는 행복하기 위해 이 세상에 왔지.

- 헤르만 헤세

내가 모르는 나

초판 1쇄 인쇄 2015년 11월 20일
초판 1쇄 발행 2015년 11월 27일

저자 전찬우

펴낸이 양은하
펴낸곳 들메나무 출판등록 2012년 5월 31일 제396-2012-0000101호
주소 (10446) 경기도 고양시 일산동구 백석로86번길 74-8 201호
전화 031) 904-8640 팩스 031) 624-3727
전자우편 deulmenamu@naver.com

값 15,000원

ISBN 979-11-86889-02-2 (03180)

※이 책은 한국출판문화산업진흥원 2015년 우수출판콘텐츠 제작지원사업 선정작입니다.

이 도서의 국립중앙도서관 출판예정도서목록(CIP)은 서지정보유통지원시스템 홈페이지(http://seoji.nl.go.kr)와 국가자료공동목록시스템(http://www.nl.go.kr/kolisnet)에서 이용하실 수 있습니다.(CIP제어번호:2015031897)

내가 모르는 나

열등감과 모순투성이에
불안하고 외로운 존재인
나를 위한 심리 처방

전찬우 지음

들메나무

머리말

조금은 다른 시각에서 나를 바라보기

인간이라면 누구나 자신의 인생, 즉 삶에 대해 고민한다. 그것은 초등학교 시절, 짝꿍을 좋아한다고 생애 최초로 고백했으나 무시당했을 때였는지도 모른다. 혹은 친구들과 떨어져 혼자만 너무 먼 중학교를 다니게 되었을 때였는지도 모른다. 가고 싶던 대학에 진학하지 못했거나, 취직을 못해 전전긍긍하던 때였는지도 모른다. 또한 남들 다 하는 결혼도 못하고, 보장되지 않은 노후가 갑자기 떠오를 때 그럴 수도 있다. 혹은 갑자기 큰 병에 걸리거나, 믿었던 친구에게 사기당해서 감당하기 힘든 좌절에 빠졌을 때 그렇다.

그런데 사실 우리는 이런 커다란 일들 말고 아주 작은 일들에서도 고민을 한다. 노래방에 가서 자신이 음치라는 사실을 처음 알게 되었을 때나, 운동장에서 공놀이를 하는데 누구도 자신에게 공을 던져주지 않는다는 것을 느꼈을 때 진지하게 고민을 하게 된다. 말주변이 없거나 그림 그리는 재능이 부족하다고 느낄 때도 그럴 수 있다.

우리는 심지어 바꾸기도 어렵고 노력해도 어쩔 수 없는 타고난 신체에 대해서도 그렇게 생각한다. 손가락이 못생겼다는 생각이 들 때나 이가 삐뚤어지게 난 경우도 그렇다. 이럴 땐 할 수만 있다면 교정을 하려고 한다.

우리는 자신이 갖지 못하거나 잘하지 못하는 것을 자각할 때 고민과 좌절에 빠진다. 그러면 자연스럽게 늘 한 가지 마음을 갖게 된다. 바로 그 고민을 해결하고 싶다는 마음이다. 그런데 문제가 있다. 잘하지 못하는 것은 특별한 노력이 없는 한 계속 못한다는 것이다. 물론 대단한 노력으로 이를 극복하는 사람도 있다. 하지만 이것은 말 그대로 소수의 운 좋은 이들에 불과하다. 음치는 계속 음치이고, 운동을 못하는 사람은 계속 못한다. 공부나 외모 등, 우리가 단점을 인식할 수 있는 대부분의 것들이 그렇다.

그래서 우리는 힘든 노력보다 쉬운 방법을 찾는다. 그중 가장 흔한 것이 바로 자신이 잘하는 것을 찾아내서 못하는 것을 상쇄시키는 방법이다. 이를 두고 자신의 장점을 보고 단점을 잊고 사는 방법이라고 말한다. 이 방법은 삶을 위한 꽤나 현명한 대처 방안이다. 하지만 문제는 이 방법이 모든 사람들에게 유효한 것은 아니라는 점이다. 좀더 현실적으로 말하면, 이 역시도 아주 소수에게만 유효하다. 잘하는 것을 통해 못하는 것을 극복하려면 그 잘하는 것을 '매우' 잘해야 하기 때문이다.

적당히 잘해서는 못하는 것에 대한 미련을 떨치기가 어렵다. 대부분의 사람들은 잘하는 것에 비해 못하는 것이 너무 많기 때문이다. 이것은 단순히 양팔 저울에 올려서 단점과 장점을 재는 것과 같다.

그래서 한 가지만 잘해서 못하는 것을 떨쳐버리려면 그 한 가지를 탁월하게 잘해야 한다. 대충 잘해서는 해결이 되질 않는다. 돈이 많다면 아주 많거나, 머리가 좋다면 수재 수준으로 똑똑하거나, 예술적으로 뛰어나다면 정말 독창적인 예술가가 되어야 한다. 하지만 우리들 대부분은 그런 능력을 가지는 것이 거의 불가능하다.

결국 장점을 이용해 단점을 극복하려 노력해도 원하는 결과를 얻기 힘들다. 오히려 못하는 것에 대한 열등감은 마음속으로 숨겨지고, 조금 잘하는 것에는 스스로 과대 포장을 해서 거품 낀 우월감을 가지고 살아가게 된다.

그럼에도 우리는 이런 상태가 마치 근본적으로 해결된 듯 착각한다. 하지만 이것은 결코 균형이 맞춰진 저울의 평형 상태가 아니다. 우리가 그 기울어진 저울을 보고 균형이 맞춰졌다고 여기려면 고개를 삐딱하게 꺾어야 한다. 그러면 세상은 기울어 보이지만, 저울은 제대로 균형이 맞아 보인다. 이 말은, 우리는 타고난 열등감과 삐뚤어진 우월감, 이 두 가지 모두를 가지고 살아야 한다는 것을 의미한다.

결국 우리는 우월감이 느껴질 때는 목에 힘을 주어 행복해하다가, 열등감이 느껴지면 금방 초라해지고 우울해한다. 그 열등감 때문에 저울의 반대편에 있는 우월감에 끝없는 거품을 만들어낸다. 우리는 이러한 열등감을 하찮은 것으로 여기기 위해 필사적으로 우월감을 지킨다.

하지만 모든 종류의 우월감은 언제든 열등감 폭탄으로 변할 수 있다. 자신의 우월감보다 훨씬 더 뛰어난 사람을 만나는 순간, 우월감을 지탱해주던 거품이 순식간에 걷히면서 강한 열등감으로 변한다. 이 순간 감당할 수 없는 화가 치밀며 깊은 좌절을 경험하게 된다. 남보다 예쁜 외모를 가졌다는 우월감은, 자신보다 아름다운 존재를 만나는 순간 열등감의 나락으로 추락한다. 조금 나은 두뇌에 대한 우월감도 마찬가지다. 처음부터 우월감이 없었다면 그냥 넘어갔겠지만 그렇지 않았기에 폭탄이 되어 돌아오는 것이다.

이런 경험을 반복적으로 하게 되면, 자신을 보호하기 위해 두 번째 방법을 시도하게 된다. 그것은 자신이 갖지 못한 능력과 가치를 부정하고 자신이 가진 것을 예쁘게 포장하는 방법이다. 돈이 없는 사람은 돈이 인생의 전부가 아니라고 말한다. 돈은 많지만 행복하지 않은 사람은, 돈이 없으면 행복 자체가 없다고 말한다. 친구가 없는 사람은 인생은 어차피 혼자 사는 거라고 말한다. 친구가 많은 사람은 인간관계야말로 모든 것 중에서 으뜸이라고 말한다. 성공한 사람은 성공을 해봐야 한다고 말하고, 성공하지 못한 사람은 사람이 성공만 하고 행복하지 못하면 무슨 소용이 있냐고 말한다. 결혼하지 못한 사람은 결혼이 인생의 무덤이라 말하고, 결혼한 사람은 결혼만이 최고의 가치라고 말한다.

하지만 이런 주장들은 자기 자신에게만 옳을 뿐이다. 그래서 자신이 옳다고 느끼는 것을 주장하면 할수록 반대편에 있는 이들의 강한 반발만 살 뿐이다. 그래서 가끔 무엇인가 잘못되고 있다는 생각이 든다. 돈이 많아도 적어도, 친구가 많아도 적어도, 결혼을 해도 하지 않아도, 아이를 낳아도 낳지 않아도 이상하게 외롭고 답답하다. 도대체 무엇이 문제인지 모른다. 아주 작은 사소한 것에서부터 무언가 어긋난 느낌이다.

그런데 정말로 왜 그럴까? 우리는 왜 자신의 삶에 온전히 만족하지 못할까? 좀더 예쁜 얼굴, 좀더 큰 키, 좀더 좋은 머리, 좀더 나은 노래 실력, 좀더 많은 돈, 좀더 많은 친구 등등……. 우리는 왜 갖지 못한 능력에 대해 끊임없이 아쉬워하는 걸까? 내게 없는 능력을 부러워하다 못해 질투하기까지 할까?

사실 이 답은 아주 쉽다. 그렇게 오랫동안 고민하던 이 문제의 답은 이미 나와 있다.

그것은 바로 '우리는 원래 그렇기' 때문이다.

인간은 누구나 생태적으로 잘나고 싶어한다. 좀더 정확히 말하면, 우리는 누구나 다른 이들에게 인정받고 싶어한다. 평생 동안 우리들의 머릿속을 지배하는 마법의 단어 하나는 바로 잘난 존재가 되어 다른 이들에게 '인정받고' 싶다는 마음이다. 우리는 모두 이 잘남을 인정받을 때 행복해하고, 그렇지 못할 때 불행해하면서 살아가는 것이다.

사실 조금만 생각해보면, 우리가 매일 느끼는 대부분의 감정이 바로 이것으로부터 출발하고 있음을 알 수 있다. 우리는 빈말이라도 칭찬을 들으면 기분이 좋아지고, 비난을 들으면 기분이 상한다. 이런 것들은 진실 여부와는 아무 상관이 없다. 그냥 자신이 좀 잘났다 싶으면 기분이 좋을 뿐이다.

우리는 많은 것을 가지려고 한다. 이것이 인생이라고 말하기도 한다. 문제는 원한다고 해서 늘 가질 순 없다는 점이다. 우리는 친구가 가지면 나도 가져야 한다. 주변 사람들이 누리는 것도 한가지로 누려야 한다. 여기까지는 우리가 원래 그렇다고 인정해줄 수 있다. 문제는 갖지 못한 것에 화를 낼 때 생겨난다. 당연히 가져야 할 것들이기에 갖지 못한 것을 잘못된 상황으로 인식한다.

그러자 우리는 갖지 못했다는 것으로 상처를 받는다. 가진 이들을 부러워하고 질투한다. 그래서 자신이 갖지 못하게 된 상황에 화가 난다. 이런 이유로 서로가 주고받는 말에는 가시가 돋쳐 있다. 하지만 늘상 그러하듯 남에게 준 상처는 언제나 자신에게 돌아온다. 결국 서로에게 상처를 주면서 모두가 불행해지고 만다.

우리는 왜 이래야 할까?

지금부터 책 속에 적힌 다양한 생각들을 통해 그 이유를 찾아볼 생각이다. 우리가 당연하게 여기는 많은 것들을 조금 다른 시각으로 살펴보면 작은 해결의 실마리를 찾게 될지도 모른다. 이 책은 그것에 대한 이야기이다.

2015년 11월 영월의 서재에서

정찬우

CONTENTS

머리말 조금은 다른 시각에서 나를 바라보기 4

PART 01

나는 왜 그럴까?

나를 안다는 것

사랑과 집착, 그 아슬아슬한 경계 15

나의 외로움은 심심함일까, 두려움일까? 30

비겁함은 우리의 본성이다 43

내 안의 화를 다스리는 조금은 현명한 방법 53

우울과 권태, 행복을 가로막는 최고의 적 69

행복하기 위해 사는 것과 불행하지 않기 위해 사는 것 85

소심함은 타인을 제멋대로 판단하는 데서 비롯된다 102

나는 왜 사소한 것도 결정을 잘 못할까? 112

유리 멘탈, 시도 때도 없이 상처받는 내 마음 125

좌절을 대하는 현명한 태도 136

PART 02

우리는 왜 그럴까?

세상을 안다는 것

왜 그 일이 나에게 일어난 것일까? 153
진정 남을 위해 사는 사람은 없다 168
남들과 같은 전형적인 삶은 무조건 나쁜가? 179
인간은 누구나 찌질하다. 단지 상대적일 뿐 196
생각 없이 사는 삶이 가장 행복하다 206
30대, 결혼에 임하는 남녀의 관점에 대한 고찰 219
부부 갈등, 현실과 기억의 깊은 괴리감 236
삶에 대한 정답은 주관식이다 250
변하는 것만이 유일한 진리다 266
단점을 극복하려 애쓰지 말 것! 274
현재가 과거를 정의한다?! 290

참고문헌 303

PART 01

나는 왜 그럴까?

나를 안다는 것

눈 오는 어느 겨울날,

창 밖에서 고양이 우는 소리가 희미하게 들렸다.

처음엔 무시했지만, 어둠이 깊어갈수록

그 소리는 점점 마음속으로 스며들었다.

결국 나는 문을 열고 나가서 소리의 주인공을 찾아봐야 했다.

그것이 고양이 '빙고'와의 첫 인연이었다.

나 : 너를 '빙고'라고 부르기로 했어.

빙고 : (멀뚱멀뚱)

나 : 빙고야, 빙고. 이름 좋지?

빙고 : (멀뚱멀뚱)

나 : 이름 뜻은 알려고 하지 마. 그냥 비밀이야.

빙고 : 마음에 안 드는데?

나 : 헉! 마음에 안 들다니! 난 너의 주인이란 말이야.

빙고 : 인간. 너는 내가 말을 했다는 것보다 네 말을 듣지 않는 것이 더 충격인가보다?

나 : 흠…….

사랑과 집착,
그 아슬아슬한 경계

나 : 드디어 운명의 짝을 만난 것 같아.

빙고 : 빙고!

나 : 지난번 만났던 사람과는 완전히 달라. 이번엔 정말로 느낌이 왔어.

빙고 : 빙고!

사랑, 특히 남녀 간의 사랑에 대한 슬프고 아름다운 이야기는 너무도 많다. 사랑에 대해선 대부분 구구절절한 사연 하나쯤 가지고 있기 마련이다. 그것은 아련한 첫사랑일 수도 있고, 시퍼런 불꽃이 타오르는 배신의 사연일 수도 있다. 물론 '모태솔로'로 단 한 번의 사랑조차 경험하지 못한 사람도 있겠지만, 그들 역시 언젠가 활화산처럼 타오를 사랑을 기대하며 살아간다.

사랑이란 단어의 특별함은 나이를 먹었든, 청춘이든 상관없다. 그것에 한 번 빠지게 되면 정말로 지독할 만큼 커다란 감정적 변화를 경험하게 된다. 물론 중년의 사랑과 젊은이의 사랑은 차이가 있다. 혈기 왕성한 젊은이들은 불꽃 같은 사랑을 하는 반면, 세상 물정을 체험한 중년의 사랑은 은근하게 이글거리는 숯불 같은 느낌이 든다.

모든 사랑이 반드시 성공한다는 보장은 없다. 설령 결혼을 하고 사랑을 완성시켰다고 해도 두 사람의 사랑은 대부분 안정과 편안한 감정으로 변하게 된다. 사랑의 이런 변화는 우리 몸에서 분비되는 호르몬의 양을 이용해 과학적으로도 충분한 설명이 가능하다. 그럼에도 불구하고 우리의 이성과 감정은 따로 움직인다. 그래서 대부분의 사람들은 자신의 사랑이 변해갈 때 많은 혼란을 느낀다.

이렇듯 사랑은 변하거나 실패할 확률이 있다. 아직 자신의 사랑에 대해 명확한 확신을 갖지 못한 사람들은, 자신이 느끼는 놀라운 감정을 잃어버리게 될까봐 두려움을 느낀다. 그렇기에 상대가 언제 배신하게 될지, 혹은 지금 배신하고 있을지, 상대를 묶어두는 자신의 매력이 사라지게 될지도 모른다는 불안감을 시시때때로 인식한다.

심리적으로 안정된 이들은 같은 상황이라 해도 이런 두려움을 느끼지 않는다. 하지만 과거에 비슷한 경험을 통해 상처를 입었거나, 어린 시절 정서가 제대로 발달하지 못해 사람에 대한 신뢰가 부족한 사람들은 상대에 대한 끊임없는 의심과 두려움으로 고통받는다.

인간은 왜 끝없이 사랑을 갈구할까?

남녀 간(요즘은 남남이나 여여도 통용되는 분위기이니 그들까지 포함해서)에 사랑이란 이름으로 묶여진 이 관계의 가장 큰 특징은 독점이다. 우리는 사랑을 통해 유일하게 다른 존재와의 관계에서 독점을 경험할 수 있다. 그것도 부모와 자식 간의 사랑처럼 느슨하고 안정적인 것이 아닌, 정말로 온몸과 마음이 원하는 상대에 대한 독점이다. 한마디로 사랑은 '허용된 독점'이다.

실제로 우리는 청소년 시절에 친구들에게 이런 비슷한 감정을 느끼기도 한다. 그러나 친구는 독점이 불가능하고, 그것을 시도했을 경우 심각한 비난이나 심지어 정신이상자로 취급되기도 한다. 그래서 대부분의 사람들은 다른 이들과 적당히 관계를 유지하는 법을 배운다.

하지만 사랑은 다르다. 우리는 사랑하는 사람을 만났을 때 독점을 허용받는다. 그 독점은 누구나 지지하는 독점이고, 이 독점을 깬 사람은 배신자로 불린다. 그래서 이미 짝이 있는 사람을 유혹하거나, 사랑하는 사람을 배신하고 다른 사람에게 떠나는 이들은 주변 사람들에게 크게 비난받는다. 이런 사랑의 독점은 우리가 경험한 모든 인간관계에서 유일하며, 그것으로 인해 우리는 또 다른 분신을 갖는 느낌을 받는다. 우리는 사랑을 하는 동안 자신의 운명과 동일시 여기는 또 다른 존재를 만들 수 있는 것이다.

이는 매우 놀라운 경험이다. 그럼으로써 상대와 있을 때 깊은 교감을 통해 심리적 안정감을 느낀다. 이 안정감은 우리를 정말로 행복하게 해준다. 그런데 이런 형태의 독점을 경험했던 시기는 과거에 이미 한 번 존재했었다.

그것은 우리가 몸도 가누지 못했던 어린 시절인데, 그때 우리는 부모의 관심을 완전히 독점할 수 있었다. 하지만 이것은 잠시에 불과하다. 우리는 성장하고, 완전한 독립체가 되기 때문이다. 그러나 우리 마음속에는 늘 이 독점에 대한 그리움이 잠재되어 있다. 왜냐하면 그때가 가장 안전하고 가장 행복했던 시기였기 때문이다. 그때의 우리는 아무 걱정 없이 먹고 자기만 하면 되었다. 그 시절에 느꼈던 욕구는 우리들 무의식중에 담겨 있다. 그런데 성인이 된 우리는 사랑을 통해 유일하게 그것을 일정 부분 충족받을 수 있는 기회를 갖게 된다. 그러니 사랑에 빠지면 어찌 행복하지 않겠는가?

모든 어른은 어린 시절의 행복으로 돌아가고 싶어 한다. 인간의 어린 시절은 말 그대로 아무 걱정 근심 없는 행복 그 자체였기 때문이다. 사랑이 좋은 것은, 사랑하는 사람과 함께 있는 시간만큼은 온전히 어린 시절처럼 돌아갈 수 있기 때문이다.

우리가 성인이 되고 나면 다시는 그것을 경험할 수 없다. 그래서 우리는 마음속으로 늘 어린 시절 누렸던 무조건적인 행복을 그리워한다. 행복의 기준점이 바로 어린아이 시절에 느꼈던 그것이 되는 것이다.

그렇다면 어린아이가 느낀 행복의 원천은 무엇이었을까? 부모의 희생과 관심이었다. 부모가 어린아이의 모든 걱정을 대신했기에 가능했던 것이다. 그렇다면 사랑에 빠진 사람들은 어떨까? 이들 역시도 비슷하다. 우리가 사랑에 빠졌을 때 상대의 희생과 관심을 무한대로 요구할 수 있으며, 그로 인해 우리는 마음껏 어린아이처럼 될 수 있다.

이것이 진정한 의미의 행복이다. 그래서 우리는 사랑을 할 때 마음껏 그리고 끝없이 유치해진다. 아이처럼 굴고 감정을 조절하지 않는다. 주변에서 보기엔 닭살이라고 하고 유치하다고 하지만 두 사람은 마냥 행복하다.

집착을 하는 순간, 내 사랑은 떠난다

하지만 이렇게나 좋은 사랑이기에 단점 또한 명확히 존재한다. 그것은 앞에서 말한 두려움에 대한 것이다. 여기에 독점에 대한 권리가 부여되면, 두려움을 없애기 위해 독점의 권리를 남용하게 된다. 결국 이것이 집착으로 발전하게 되는 것이다.

언뜻 보기에 사랑과 집착의 경계는 매우 모호하다. 사랑이 독점의 권리를 가지고 있기 때문인데, 그렇다면 어디까지를 독점할 수 있느냐에 대해선 사람마다 그 해석이 달라진다. 같은 행동도 사람에 따라 사랑 혹은 집착으로 해석되는데, 이는 개인의 성격과 가치관이 모두 다르기 때문이다.

어떤 사람은 사랑하는 사람이 한 시간마다 전화를 해도 즐겁게 받아주는 반면, 어떤 사람은 하루에 한 번 하는 전화도 너무 자주 한다고 느낀다. 매일 밤 잠들기 전 전화를 해주는 남자가 있는 반면, 절대로 먼저 연락하지 않는 남자도 있다.

사실 집착의 강도는 상대의 삶에 얼마만큼 깊이 관여하느냐에 따라 결정된다. 그러니 그 자체가 모호해서 사랑과 집착의 평균적 통계치가 나오기가 무척 힘들다. 일반적으로 집착을 당하는 쪽이 스트레스를 받는다. 상대가 자신에게 집착을 하면 만날 때는 즐겁고 행복하지만, 떨어져 있을 땐 상대의 과도한 참견 때문에 힘들다.

물론 연애 초반이라면 그것을 어느 정도 즐길 수 있다. 하지만 사랑의 감정은 시시각각 변한다. 사실 집착하는 사람 역시 집착을 당하는 사람 못지않게 스트레스를 받는다. 상대가 자신의 마음처럼 움직여주지 않기 때문이다. 이것은 마치 아이가 느끼는 감정과 같다. 아이는 부모가 늘 자신이 원하는 것을 들어주는 것에 익숙하다가 어느 날 자신이 원하는 대로 해주지 않으면 화가 난다.

사랑에 있어서 이런 감정 변화들은 단순한 느낌이 아닌 신체적인 것을 말하는 것이다. 사람의 몸은 일정한 조건이 되면 호르몬 양을 조절한다. 그런데 어느 한쪽이 우리 몸에서 일어나는 변화를 부정하고, 그 자신이 과거의 상처로 생긴 두려움으로 인해 상대를 과하게 조종하려고 들 때 다른 한쪽에서 강한 반동이 나타나게 되는 것이다.

이렇게 상황이 악화된 두 사람은 만나서 행복하기보다는 싸우기를 반복하는 사이로 바뀐다. 이것이 두 사람의 이별의 시작점이다. 결국 마지막엔 이별을 하고 나서야 해결이 된다. 이런 결론을 피해서 헤어지지 않으려고 한다면, 우선 집착하는 쪽의 역할이 크게 요구된다.

이때는 적어도 자신의 집착에 문제가 있음을 스스로 인정해야 한다. 상대 역시 그 사람의 집착이 어디로부터 비롯된 것인지 제대로 이해하고 그 잘못된 행위를 다시는 하지 않도록 함께 노력해야 한다. 불안함과 두려움을 없애고 확신을 줄 수 있는 태도를 보여줘야 한다. 그러나 이것은 많은 인내심을 요구하는 일이어서 그런 노력을 하면서까지 관계를 지속하려고 할지는 의문이다. 그래서 결국 그들은 이별을 생각하게 된다.

최종적으로 이별을 결정하기 위해서는 그 사랑을 '배신'한다는 도덕적 문제를 해결해줄 다른 사람의 조언이 필요하다. 그래서 이 고민을 친구에게 털어놓게 되는데, 실제로 그 상담은 자신이 듣고 싶은 말을 듣고자 하는 상담일 뿐이다. 이때 정상적인 친구라면 이렇게 말해준다. "그럼 헤어져야겠네." "그런 사람을 어떻게 만나고 있었니?"

이런 절차들을 거쳐 집착은 결국 헤어짐으로 끝이 난다. 사랑과 집착이 온통 뒤섞인 사람의 최후는 이렇게 이별로 끝나게 되는 것이다.

우리가 진정으로 상대를 사랑한다면 그 사람의 자유를 억압해서는 안 된다. 상대를 위해 최대한으로 내면적 자아의 영역을 넓혀줘야 한다. 물론 이 말은 매우 관념적인 표현이다. 좀더 현실적으로 표현하자면 결국 상대에 대한 믿음을 최대한 끌어올려야 한다는 의미이다. 하지만 이는 혼자만으로는 해결이 안 된다.

집착의 근본적 문제인 불안과 두려움이 자신의 내면으로부터 나온 것이라 해도 혼자서는 해결이 힘든 것이다. 이때 상대의 도움이 절실히 필요하다. 문제는 적어도 어느 정도 수준의 상대를 만났을 때라야 그런 시도조차 할 수 있다는 것이다.

보통 사람들은 상대가 가진 어떤 문제점을 이해하거나 그것을 해결하려는 시도를 하지 않는다. 그저 자신과 맞는 또 다른 상대를 찾으려고 할 뿐이다. 이런 사람들이 그렇지 않은 이들보다 훨씬 많기 때문에 이런 종류의 집착들은 대부분 이별로 끝이 나는 것이다.

그러니 집착에 대한 해결은 본인의 의지로 시작될지 모르지만, 그것을 해결할 수 있는 열쇠를 쥔 사람은 바로 상대가 된다. 물론 어떤 경우엔 서로에 대한 집착의 정도가 비슷해 별 문제 없이 관계를 지속하는 연인들도 있다. 이들이야말로 진정한 의미의 운명적 상대를 만난 셈이다. 주변에서 보기엔 그 둘의 모습이 좀 눈꼴사납고 심하면 위험해 보이기도 하지만 말이다.

당신은 사랑을 감당할 준비가 되어 있는가?

집착을 해결하는 방법은 본인의 자각과 의지가 없으면 불가능하다. 집착이 심한 사람은 가능한 한 빨리 사랑과 집착을 분리해야 한다. 사랑은 상대와 나와의 감정이고, 집착은 나의 과거 경험으로 받은 상처가 밖으로 드러나는 것이다.

어떤 행동이 집착이냐, 사랑이냐를 구별하는 방법은 매우 단순하다. 그것은 '상대에게 나를 맞추고 있느냐'와 '상대를 나에게 맞추게 하고 있느냐'를 생각해보면 된다. 만약 상대를 나에게 맞추라고 강요하고 있다면 이것은 집착이다. 집착은 사랑을 서투르게 만든다. 자신은 사랑이라고 느끼는데, 상대는 구속으로 느끼고 그것을 집착이라고 한다. 이것이 이미 벌어지고 있는 상황이라면 이런 관계는 희망이 없다. 한쪽과 다른 한쪽이 맞지 않는다.

사랑은 오랜 시간 지속될 수 있다. 누군가의 말처럼 누구나 사랑에 빠진 순간은 마치 100미터 달리기를 하듯 전력을 다해 뛰지만, 그렇다고 해서 영원히 그렇게 달릴 수만은 없다. 아무리 사랑이 좋아도 언젠가는 마라톤처럼 뛰어야 하고, 언젠가는 걷거나 쉬어야 할 때가 온다. 그런데 자신이 아직 달릴 힘이 남았다고 해서 상대에게도 뛸 것을 강요하면 상대는 심한 스트레스를 받게 된다. 많은 사람들이 사랑에 실패하는 이유다.

사랑은 무조건적인 신뢰를 기반으로 해야 한다. 아니, 모든 인간관

집착의 강도는 상대의 삶에 얼마만큼 깊이 관여하느냐에 따라 결정된다.

계 그 자체가 신뢰를 기반으로 한다. 신뢰 없는 관계는 언제라도 무너지는 모래성과 같다. 이때 외모, 능력, 학벌, 집안, 매너, 직장은 아무 소용이 없다. 신뢰는 이런 것과 무관하게 이루어진다. 그렇지만 우리는 신뢰를 이런 조건 밑으로 두는 실수를 한다. 물론 이런 조건을 갖추면 다른 이들의 부러움을 살 수는 있지만, 정작 본인은 그 신뢰를 잃음으로써 자신의 삶이 크게 흔들리게 된다.

그렇다면 어떻게 신뢰할 수 있는 사람을 만날 것인가에 대한 문제가 남는다. 이 답은 생각보다 단순하다. 스스로 신뢰할 수 있는 사람이 되면 된다. 신뢰를 중요하게 여기면 신뢰할 수 있는 사람을 만날 수 있다. 돈을 중요하게 여기면 돈 많은 사람과 결혼하고, 외모를 중요하게 여기면 외모가 뛰어난 사람과 결혼하는 것이다. 하지만 다른 조건을 신뢰보다 우선시하면, 결국 그것이 사랑을 실패하게 만드는 원인이 되고 만다.

사랑 역시 하고 많은 인간관계 중 하나이고, 다른 관계보다 더 강렬할 뿐이다. 그래서 신뢰가 더욱 중요하다. 부부만큼 신뢰가 중요한 관계가 또 있을까. 사람들이 유일하게 지갑과 통장을 공유하는 관계이니 말이다.

사랑은 변화를 일으킨다. 이런 변화는 상대의 자발적인 태도로 이루어져야 한다. 그런데 우리는 어떤 사회적 통념으로 알려진 변화를 상대에게 강요한다. 사랑을 하면 여자를 바래다줘야 하고, 사랑을 하면 상대를 위해 쓰는 돈을 아까워해서는 안 된다고 한다. 친구가 그랬고, 직장 동료가 해준 말이 그랬으니까, 그 상대도 그래야 한다고 생각한다.

이렇듯 주관적인 잣대를 기준으로 평가하여 그것에 미치지 못하니 더 노력해야 한다고 강요하는 것은 사랑을 망치는 일이 되고 만다. 그럴 경우라면 그저 남들에게 보이기 좋거나, 혹은 남들 눈에 이상하게 보이고 싶지 않은 집착만이 존재하는 것이다. 그래서 현명한 이들은 상대를 있는 그대로 사랑하는 것만이 진정한 사랑이라고 말한다.

사랑이 사람을 변화시키는 것은 맞지만 그 변화는 스스로 일으켜야 한다. 그걸 원해서도, 강요해서도 안 된다. 만약 상대가 마음에 차지 않는다면 놓아줘야 한다. 그 사람을 있는 그대로 사랑할 수 있는 다른 사람을 위해서 말이다.

자신의 사랑을 절대화시켜서는 안 된다. 이 세상의 모든 연인은 세상 누구보다도 서로를 사랑한다고 믿는다. 물론 이것은 둘의 사랑을 더욱 달콤하게 해준다. 이것은 마치 모닥불과 같다. 일정 거리를 유지하면 따뜻하고 아늑하지만, 불 속에 손을 넣는 순간 심한 화상을 입게 된다.

하지만 우리는 그 모닥불에 자꾸 손을 넣으려고 한다. 자신이 하고 있는 사랑이 세상에서 유일하게 진실한 사랑이라고 믿고 싶어 하며,

자신이 지금 만난 사람만이 유일한 짝이라고 믿는다. 그 사랑은 절대 변하지 않을 거라고 하면서 "어떻게 사랑이 변하니?"라는 말을 믿는다. 하지만 사랑은 변한다. 물리적으로도 호르몬이 변하고, 외모가 변한다. 그런데 어떻게 사랑이라는 감정이 변하지 않겠는가?

변화는 늘 일어나고, 그 변화를 받아들이는 것은 온전히 자신의 몫이다. 그러나 절대화된 사랑은 변화를 거부하고, 결국 그것으로 인해 사랑을 잃고 만다. 자살을 하고 싶을 정도로 힘든 이별의 고통도 새로운 사람을 만나면 금세 또 절대적 사랑이 된다. 이렇듯 우리는 늘 자신의 사랑에 목숨을 걸려고 한다.

원칙적으로 사랑은 오직 둘만이 공유가 가능하다. 앞에서 말했듯 사랑만이 관계성에서 유일하게 독점이 허용되기 때문이다. 독점은 말 그대로 독점이다. 누구도 끼어들 수 없다. 다른 사람의 눈과 평가는 제3자일 뿐 당사자들과 같은 입장이 될 수 없다.

진정한 사랑에 대한 희망을 품고 살아가고 있다면, 가장 먼저 해야 할 일은 그런 상대를 만나는 것이 아니라 자신을 그런 상대에게 어울리는 수준으로 높이는 것이다. 그런 수준이 된 후 자신과 사랑을 교감할 수 있는 사람인지 판단해야 한다. 물론 이는 자연스럽게 이루어지기 때문에 걱정할 필요는 없다. 자신의 수준을 높이면 만나는 사람의 수준이 자연스럽게 올라간다.

가장 이상적인 사랑은 인격적으로 완성된 두 사람이 서로의 단점을 보완하면서 살아가는 일일 것이다. 사랑에 실패하지 않는 가장 중요한 조건은 스스로 설 수 있는 능력이다. 혼자 설 수 있는 사람만이 제대로 된 사랑을 경험할 수 있다. 살다 보면 우리는 힘들 때가 있다. 그때만 잠깐 상대의 도움을 받을 수 있다. 하지만 평생 기대고 살면 상대는 무게를 견디지 못하고 자신이 힘들 때 같이 무너지고 만다.

그래서 혼자서도 버티고 상대가 기대와도 버텨내야 한다. 그러기 위해선 인내가 필요하다. 초기의 사랑은 불타지만, 사랑의 완성은 감정이 아닌 시간이 만들어준다. 오랜 시간을 버텨낸 사랑은 어떤 힘든 역경이 있어도 흔들리지 않는 힘을 만들어내며, 그것으로 인해 자신과 거의 동일한 다른 존재를 하나 얻게 된다. 이것을 시적으로 표현하면 '나의 반쪽'이라고 한다.

왜 아직 사랑하는 사람을 만나지 못했는지 원망스럽다면, 사랑하는 사람을 만나지 못한 것이 아니라 아직 사랑할 준비가 안 됐음을 인정해야 한다. 우물에서 숭늉을 찾을 수는 없는 것이다.

나의 외로움은 심심함일까, 두려움일까?

나 : 친구들 하는 얘기를 우연히 들었는데, 내가 재수 없대.

빙고 : 맞아.

나 : 이런!!!

빙고 : 그런데 그 친구들은 왜 만나?

나 : 음…… 딱히 만날 사람이 없어. 그리고 사람을 안 만나면 외롭고 우울해져.

빙고 : 만날 사람이 없으면 만나지 마. 나처럼 그냥 혼자서 지내.

나 : 심심해.

빙고 : 결국 심심한 거네. 뭐가 외롭고 우울해?

외로움을 바라보는 두 가지 시선

인간은 거의 모두가 외로움을 탄다. 그래서 끊임없이 누군가를 만나거나 무언가를 하려고 한다. 외로움은 크게 두 가지로 나눌 수 있다. 이 두 개는 본질적으로 완전히 다른 성격임에도 불구하고 외로움이란 용어로 같이 설명되곤 한다.

외로움의 첫 번째 모습은 흔하게 느끼는 것인데, 그것은 뭔가 할 일이 없는 상태를 말한다. 쉽게 말하면 심심함을 느끼는 상황이다. 즐겁고 행복하게 시간을 보낼 거리가 없어서 지루함을 느끼는 상태인 것이다. 이런 외로움은 크게 걱정할 필요가 없다.

우리는 끝없는 자극의 세계에 살고 있다. 친구를 만나거나, 술을 마시거나, 영화를 보거나, 소설을 읽거나 모두 마찬가지다. 그 모든 것은 외부의 자극이며, 그 자극을 받아들이는 사람의 성향에 의해 결정된다.

그런데 이 관계가 잘못되어 즐거움을 느끼지 못하면 회피하게 되고, 그러다 보면 아무것도 할 것이 없는 시간이 오기 마련이다. 사람들은 이런 상황이 되면 이런저런 생각을 하면서 자신이 하고픈 일을 찾는다. 하지만 생각보다 이런 시간은 많지 않다. 왜냐하면 우리는 회사 일도 해야 하고, 집안일도 해야 하고, 친구도 만나고, 영화도 보고, TV도 보고, 스마트폰도 들여다보고, 게임도 해야 하기 때문이다. 현대 사회에서 크게 이슈가 되는 제품이나 개념들은 모두 이것들과 관련되어 있다는 것을 알 수 있다. 요즘 많은 사람들이 즐기는 스마트폰, 각종 SNS 등은 모두 사람이 재미있게 시간을 보낼 수 있는 것을 목표로 하고 있다.

이것에 대해 그다지 걱정할 필요가 없는 근본적인 이유는, 현대 산업의 흐름의 한편은 인간에게 시간이 더 나게 해주는 쪽으로, 다른 한편은 이렇게 해서 생긴 시간에 대한 심심함을 해결해주기 위한 쪽으로 가고 있기 때문이다. 우리의 미래는 점점 더 많은 자유 시간을 갖게 될 것이고, 그 추가된 자유 시간을 재미있게 소비할 새로운 놀거리들에 돈만 지불하면 될 것이다.

가끔 외로움을 느끼지 않는다는 사람들도 있는데, 사실 외로움을 느끼지 않는 것이 아니라 워낙 많은 종류의 재미를 찾을 수 있는 성격이라서 그렇게 보이는 것이다. 이들은 혼자 놀기에 아주 능숙하다.

외로움의 두 번째 모습은 첫 번째 것보다는 좀더 심각하다. 이것은 생존과 관련된 외로움이기 때문이다. 혼자 살고 있는 연로한 분들이 느끼는 외로움은 두 번째 외로움의 정확한 예가 될 것이다.

우리는 오랜 시간 동안 무리 생활을 해왔다. 그런데 이 무리에서 떨어져 혼자 남게 된다는 의미는 우리를 노리는 맹수에게 물려 죽을 가능성이 높아진 상태를 말한다. 이때 우리는 당연히 이런 외로움을 최대한 기피하려고 노력한다. 우리가 가정을 꾸리고 사회 속에서 살아가려고 애쓰는 이유도 바로 이것이다.

하지만 이것은 산업 기술의 발달이 채워줄 수 있는 부분이 아니다. 적어도 지금까지는 말이다. 미래 사회에 로봇 기술과 인공 지능이 비약적으로 발달하면, 우리는 이것조차도 해결할 수 있을지 모른다. 거의 인간 수준의 대화를 주고받고, 늙고 병든 우리를 평생 불만 없이 도와줄 존재를 만들어낼지도 모르기 때문이다.

심심함이 외로움이 되다

일단 첫 번째 외로움에 대해 좀더 생각해보도록 하자. 우리는 왜 심심함 혹은 즐겁지 않는 상태를 못 견뎌하고 외롭다는 말을 할까?

최근 읽은 신문 기사 중 '페이스북'에 자신의 사생활을 많이 노출하는 사람일수록 외로움을 더 많이 느낀다는 통계가 있다. 여기서 말하는 외로움이 바로 심심함에 대한 외로움이다.

이들에게 외로움은 생존에 대한 이야기가 아닌, 심심함 혹은 재미없음, 조금 심각해진다면 행복의 부재 상태를 의미한다. 그리고 재밌게도 외로움을 느끼는 상태의 가장 큰 문제점은 자신을 돌아볼 시간을 갖게 된다는 점이다. 이 말이 좀 이해가 안 갈 수도 있으나 한번 생각해보자.

인간은 누구나 걱정거리들을 머릿속에 담아두고 산다. 그것은 금방 해결 가능한 집안일일 수도, 불명확한 자신의 미래일 수도, 직장의 불안함일 수도, 배우자와의 갈등일 수도, 몸에 느껴지는 이상 증상일 수도 있다. 그런데 이런 일들은 보통 뭔가 재미난 시간을 보낼 땐 모두 잊어먹고 신경 쓰지 않게 된다. 많은 걱정거리들이 걱정한다고 해결될 것도 아니니 이것은 꽤나 괜찮은 태도라고 보여진다.

하지만 어떤 이유로 인해 재미난 시간을 보내지 못하게 되었을 때 문제가 발생한다. 그동안 미뤄뒀던 문제들이 한꺼번에 떠오르고, 그 중에는 스스로 해야 할 일임에도 하지 않은 일들도 있다. 단순히 잊고 산다고 해서 해결되는 것이 아닌 실제로 뭔가 해야 하는 일들이 있는 것이다. 그런 것들에는 건강에 대한 문제, 직장을 옮기거나 더 나은 연봉을 위해 노력하는 것, 결혼할 상대를 만나야 하는 것, 자녀를 가져야 하는 것, 자격증을 따거나 영어 공부를 해야 하는 것 등, 꼭 하지 않을 수는 있지만 미래의 자신을 위해서 해야 좋은 것들이 포함되어 있다. 여기에서 이런 일들을 꼭 해야 하는지에 대한 여부는 일단 접어두자.

해야 했는데 하지 않은 일이나, 해결 불가능한 문제가 머릿속에 떠오르기 시작하면 우리는 아무 짓을 하지 않아도 그냥 우울해진다. 걱정이 머리에 떠오르는 순간 기분이 나빠지고 의욕이 떨어진다. 이것뿐이겠는가? 최근 큰 행운을 얻은 친구에 대한 기억, 열심히 사는 친구의 모습, 승진을 한 직장 동료, 시집 잘 가서 자신과는 달리 팔자 핀 친구 등등 수많은 일들 역시 다양한 감정으로 떠오른다.

이를 한마디로 표현하면, 현실의 자신을 인식하는 시간이라고 부를 수 있다. 이것은 당사자를 매우 우울하게 만들 수 있는 여지가 있다. 여기에 더해 자신의 현재가 행복하지 않다고 느끼면 그 우울함이 더욱 심화되는 상태로 발전한다.

대부분의 사람들은 자신의 이런 상태를 좋아하지 않는다. 그래서 이런 생각 자체를 안 하기 위해 어떤 식으로든 재미있게 시간을 보낼, 다른 말로 하면 뭔가 집중할 거리를 찾는다. 사실 이런 종류의 기분 전환이 문제를 해결할 수 있는 최적의 해결책이기도 하다. 집중할 거리를 찾았는데 기분까지 좋아지면 우울함이 금세 날아가기 때문이다. 그러나 가끔은 이것이 통하지 않을 때가 있다. 다른 집중할 거리를 찾지 못해 즐겁지 않은 상태가 지속되면 우리는 그것을 외롭다고 표현하는 것이다.

그런 시간이 자주 오는 사람일수록 우울증 증상이 더 심하게 나타난다. 그래서 많은 이들은 다양한 형태의 관계를 맺어 그런 시간이 오지 않기를 바라는데, 이것이 SNS에 목매는 가장 큰 이유이다.

SNS를 이용하는 사람 역시 두 가지 형태가 있다. 하나는 현실의 삶이 주가 되고 SNS는 그 행복을 조금 더 높이려는 부류와, SNS의 행복이 주가 되고 현실이 부가 되는 부류가 있다. 여기에서 후자에 해당되는 사람들이 보통 외로움의 먹이가 되곤 한다.

안타깝지만 이런 형태의 외로움은 해결 방법이 없다. 어떤 형태의 다른 즐거움을 찾아 잊어야 하는데 그럴 상황이었다면 처음부터 외로움을 호소할 필요도 없었을 것이다.

외로움을 느끼지 않는 사람의 가장 중요한 특징은 혼자서도 잘 놀아야 한다는 점이다. 비록 그것이 좋지 않은 취미라고 해도, 혼자서 시간을 잘 보내는 사람들은 반드시 누군가가 있어야만 그 즐거움이 생기는 것이 아니기 때문에 훨씬 덜 심심하다. 그러니 외로움을 느끼지 않는다.

반대로 외로움을 많이 느끼는 사람들은 혼자 놀기를 잘하지 못한다. 자전거를 타도 동호회에 들어가고, 캠핑을 해도 누군가와 꼭 함께 가려고 한다. 혼자서는 아무리 좋은 것을 해봐도 재미가 없는 것이다. 그래서 늘 사람의 존재가 필요한데, 문제는 그 누가 24시간, 356일을 나와 함께 해주겠는가? 결혼을 해도 외롭고, 아이를 낳아 키우는 초반엔 안 그럴지 모르지만 아이가 조금이라도 커서 자신의 삶을 주장하게 되면 또 외로움을 느끼는 것이다.

나 역시 이런 외로움을 느낀다. 나만의 해결책이 있다면, 바로 그런 시간이 오면 나를 괴롭히는 수많은 것들을 정면으로 바라보는 것이다. 제대로 걱정하고 고민하면 뭔가 미래의 행동이 나오고, 그럼으로써 나는 조금씩 해결 가능한 걱정거리들을 없애나갈 수 있다. 더욱 좋은 점은 혼자서 생각하는 시간을 스스로 즐기게 되는 상태로 발전해나갈 수 있다는 점이다.

이 해결책의 가장 좋은 점은 자극의 대상이 없어도 된다는 것이다.

사실 외부 자극은 양날의 칼과 같다. 현대 사회는 이 자극이 끝없이 존재하고 있기 때문에 잘 못 느끼지만, 이것은 마치 영원히 주입되는 후유증 없는 마약과 같다. 외로움을 느끼지 않는다는 사람들 역시 아주 다양한 종류의 외부 자극에 의해 그럴 수 있는 것이다. 이들 역시 모든 외부 자극이 사라지게 되면 어떤 형태로 반응할지 모른다. 물론 인류 문명이 존재하는 한 그럴 일은 없겠지만.

아무튼 외부 자극 없이 외로움을 느끼지 않을 수 있다면, 그것이 바로 진정한 의미의 목표점이 될 것이다. 늘 자극에 노출되고, 자극을 통해 외로움을 해결하는 것이 편하다고 그것만을 찾으려고 하면, 결국 자극 중독에 발목을 잡힌다. 중년기 우울증의 원인은 사실 외로움을 바라보는 연습이 부족해서 발생한다. 특별한 노력 없이 외부 자극만을 추구하다가 더 이상 자극받지 못하게 될 때, 어떻게 살아야 할지 방향을 잃는 것이다.

두려움은 진정한 의미의 외로움이다

태어나 1년 정도 된 아이는 잠깐이라도 엄마가 보이지 않으면 울음을 터뜨린다. 이럴 때 주변에서 아무리 아이를 달래려고 해도 아이는 좀처럼 울음을 그치지 않는다. 여기에서 해결할 수 있는 단 하나의 방법은 아이가 엄마가 없다는 인식을 하지 못하게 막아주는 것이다. 예를 들어 아이가 관심을 가질 만한 행동, 소리, 물건 등을 이용해 아이의 흥미를 끌고, 그것이 성공하면 아이는 울음을 멈춘다. 하지만 아이의 주의력은 한순간에 불과하기 때문에 아이는 또 다시 울음을 터뜨린다. 결국 이 상황은 엄마가 와서 아이를 안아줘야 끝이 난다.

그런데 아이는 엄마가 없으면 왜 울음을 터뜨릴까? 그 이유는 매우 단순하다. 바로 두려움 때문이다. 엄마의 입장에서 보면 아이가 자신에게 매달리는 모습으로 비쳐질 수 있다. 하지만 아이는 자신을 돌봐주는 사람이 없어진 것을 아는 순간 유전자에 새겨진 본능적 두려움에 빠져드는 것이다.

그런데 비록 엄마는 없지만 아빠, 할아버지, 할머니, 이모가 있는 지극히 우호적인 공간에서조차 아이가 울음을 터뜨리며 두려움을 느끼는 것은 왜일까? 그것은 지식과 경험의 부족에 의해 주변 상황을 파악하지 못하기 때문이다. 즉, 두뇌 발달이 완성되지 않은 상황에서 주변 환경이나 사람들에 대한 정보 파악이 제대로 되지 못함으로써 막연한 두려움을 느끼는 것이다.

아이에겐 엄마의 존재만이 유일한 안도감의 대상이 된다. 아이가 점점 자라면서 어린 시절에 나타났던 막연한 두려움은 사라져간다. 왜냐하면 엄마, 아빠, 할머니, 할아버지, 자신의 친구, 유치원 선생님 등등에 대한 인지 능력이 발달하고, 거기에서 오랜 시간 안정적인 생활을 보낸 탓에 두려움에 대한 본능이 발현되지 않는 상황에 놓이게 되는 것이다.

그렇다면 성인이 되어서는 어떨까? 인지 능력이 발달하지 못한 어린아이의 시절과는 완전히 달라져 있을까? 우리 인간에게는 불행한 일이지만, 사실은 전혀 그렇지 못하다. 우리는 어린 시절에 느낀 두려움의 본능을 평생 가지고 살아간다. 그것은 바로 생존에 대한 본능이기 때문이다. 그나마 평소 이에 대해 심각하게 느끼지 않는 이유는 현대 문명사회가 우리를 그렇게 살 수 있도록 잘 지켜주기 때문이다.

다행스럽게도 현대 사회에서 우리의 생명을 위협하는 자연환경은 거의 없다. 운이 좋았든 나빴든 판단은 개인의 몫이지만, 현대인들은 곰이나 호랑이 등 인간의 생명을 위협하는 맹수류로부터 분리된 환경에서 살아간다. 그래서 이런 대상들에 대한 생각은 호기심과 재미의 수준으로밖에 보이지 않는다. 실제로 우리는 동물원에 가서 그들을 바라보며 즐거워한다.

결론적으로 우리는 어린 시절에 보였던 두려움을 표현하지 않고도 살아갈 수 있다. 그렇지만 우리가 두려움을 완전히 이겨낸 것은 결코 아니다. 단지 오랫동안 안정화된 생활로 인해 잊고 살았을 뿐이다. 운 좋게 잊어먹긴 했지만, 그 뿌리로부터 생겨난 다른 두려움들은 결코 망각하지 못한다. 왜냐하면 이것은 상당히 복잡하게 얽혀서 잘 이해하지 못하는 경우도 많고, 그것들이 서로 연관되어 있다는 사실 자체를 인지하기도 쉽지 않기 때문이다.

그중 하나가 외로움이다. 우리는 보통 심심함이나 따분함 등을 외롭다는 것으로 해석하기도 한다. 그것이 틀린 것은 아니지만 어떤 의미에서는 해석 자체를 잘못한 것일 수도 있다.

이 두려움을 기반으로 한 외로움은 자연스럽게 생존과 연결되어 있다. 우리 인간은 매우 약한 종이기 때문에 그렇다. 인간은 스스로를 지키고자 무리 생활을 해왔다. 그렇게 살아온 사람 하나하나에게 그 무리로부터 멀어짐은 무엇을 의미하게 될까? 그것은 바로 죽음으로 연결이 된다. 무리로부터 버려지는 순간 약하디약한 인간 중 하나일 뿐이다. 그래서 생존에 대한 극심한 두려움을 느끼게 되는 것이다(사실 학교에서 일어나는 왕따의 문제점이 얼마나 심각한지도 이를 통해 알 수 있다).

이 원리로 다른 사람들과 같이 있으며, 거기에 더해 그들과 평화로운 입장에 놓인다면 혼자 있을 때보다 훨씬 안정감을 느끼게 된다. 우리 몸은 긴장 상태를 벗어나 좀더 다른 일을 할 수 있도록 해준다.

이때 우리는 단순한 생존을 위한 역할에서 벗어나 미래를 위해 다른 일들을 해낼 수 있다. 결국 우리가 타인들과 같이 있을 때, 혹은 누군가 믿고 신뢰하는 이와 함께 할 때 편안함과 안도감을 느끼고, 이것들을 모두 하나로 묶어서 행복하다는 표현을 쓴다. 하지만 이 행복의 본질은 생존에 대한 위협이 사라진 상황에 대한 안도감으로 보는 것이 더 정확하다.

우리는 어려서는 부모님과 함께, 나이를 먹게 되면 자신이 꾸린 가정 속에서 살아간다. 문제는 나이가 들어 어떤 이유에서든 혼자 살게 되는 상황이 생겼을 때 벌어진다. 우리는 혼자 사는 노인을 '독거노인'이라고 말한다.

우리가 생각하는 미래에 대한 두려움은 무엇일까? 아마도 가장 큰 것은 먹고사는 문제, 즉 경제력에 대한 걱정일 것이다. 그래서 우리는 미래를 위해 자신이 벌어들인 모든 가치를 소모하지 않고 남겨두는 것이다. 그리고 늙어서는 그것을 조금씩 소비하면서 살아가게 되는데, 솔직히 힘들 수 있지만 또 그리 어려운 문제만은 아니다. 정작 치명적인 문제는 노후에 느끼는 외로움이다. 결국 가족과 별도로 이 문제에 대한 해결책을 마련하게 되는데, 그것이 바로 '친구'라고 말하는 사람들이다.

친구를 소중히 여기는 이유가 바로 여기에 있다. 친구는 즐거움을 얻는 대상이기도 하지만 외로움을 해결해줄 수도 있는 존재들이다. 그러나 누구나 이것에 성공하는 것이 아니기 때문에 독거노인이 될 가능성은 항상 열려 있다. 이는 삶의 실패라는 말로 이어지기도 한다. 그래서 보통 사람이라면 가족이나 다른 사람과 어울려서 살아야 한다.

누구도 혼자서는 살 수 없다. 그것은 두려움을 온몸으로 견뎌내야 하는 처지이다. 게다가 늙었다는 것은 어린아이처럼 연약한 상태를 의미한다. 그래서 늙어갈수록 다른 이들의 도움이 필요하다. 이 때문에 우리는 누구나 독거노인의 삶을 살지 않으려고 노력한다. 그렇지 않으면 오래 전 무리로부터 쫓겨난 늙은 우두머리와 같은 신세가 되기 때문이다. 그것은 '버려짐', '홀로됨', '위험한 상황에 놓임' 등과 같은 감당하기 힘든 스트레스가 되어 그 상황에 놓인 이들을 죽음과도 같은 공포 속으로 밀어넣는다.

우리가 살면서 중요하게 여겨야 할 것은 가족을 포함한 다른 사람과의 관계이다. 그것은 경찰이나 군인들이 대신 해주는 것이 아니다. 주변 이웃, 친척, 가족, 친구들만이 해줄 수 있다. 그래서 친구를 질투하기보다는 부러워하고, 며느리를 구박하기보다는 이해하려 하고, 시어머니를 적대적으로 보기보다는 양보하려고 하고, 다른 이들과 비교하거나 자신의 의지대로만 끌어가려고 할 게 아니라 더 사랑하려고 애써야 한다. 이런 삶이 결국 우리의 의지가 되면서, 미래의 자신에게 닥칠 운명에 대한 대비책이 될 것이다.

여기에 더해 가진 것에 감사하고 갖지 못한 것에 대한 욕심을 버릴 수 있다면, 그 사람이 느낄 수 있는 삶의 행복은 더 높아질 것이 틀림없다. 이것은 실천이 힘들 뿐 불가능한 것은 아니다.

비겁함은 우리의 본성이다

나 : 올해는 열심히 공부해서 꼭 자격증 시험에 합격할 거야.

빙고 : 그래.

나 : 나에게 용기를 줘.

빙고 : 그럼 내 응가용 모래 용기도 괜찮아?

나 : …….

한 20년 전쯤 SBS 방송국에서 〈모래시계〉라는 드라마를 방영했다. 그때는 지금처럼 다양한 채널이 없던 시대였는데, 드라마의 완성도가 높아서 매우 높은 시청률을 기록한 것으로 기억한다. 그 당시 내 방에는 TV가 없어서 제대로 보지 못했지만 나중에 드문드문 보기는 했다.

이 드라마에는 세 명의 주인공이 나온다. 박상원 씨가 맡은 역은 강우석 검사, 카지노 사업을 하다 죽은 아버지를 둔 윤혜린 역은 고

현정, 둘과 대척점에 선 조폭으로 나오는 박태수 역은 최민수 씨가 열연했다. 이 세 사람은 모두 소중한 친구였는데, 시대가 그들을 다른 입장에 서도록 만든다.

드라마 내용을 간단히 설명하긴 힘들다. 결론만을 말하면 검사인 강우석은 자신의 친구인 박태수에게 사형을 언도해야 했고, 윤혜린은 자신의 사업에 막대한 손해를 무릅쓰며 증언을 했던 것으로 기억한다. 즉, 두 사람은 피할 수 없는 시대 상황에서 소중한 친구와 연인을 사형으로 몰아넣게 된다. 우석이 태수를 마지막으로 면회하는 장면에서 나왔던 유명한 대사가 바로 "나 지금 떨고 있냐?"이다.

세상만사에 두려움이 없었고, 사형 선고마저도 친구에게 해달라고 말했던 태수는 사형 집행에 앞서 자신이 죽는다는 사실보다, 죽음 자체에 두려움을 느끼고 있는지를 두려워하고 있었다. 그리고 실제로 그의 목소리는 떨려 나왔다.

우리는 살아가면서 "의연하다", "초연하다"라는 말을 가끔 듣는다. 이는 어떤 상황에 맞서서 격정에 휩쓸리지 않고 평정심을 유지하는 것을 말하는데, 큰 두려움이나 공포에 맞선 사람이 내보일 수 있는 가장 위대한 반응이기도 하다. 하지만 용기의 대명사로 알려진, 뼈를 깎는 고통을 참고 바둑을 두던 관우의 이야기가 오늘날 '용기'라는 것을 제대로 정의해주고 있는 것일까?

개인적으로 '용기'라 하면 어떤 경우든 흔들리지 않고 평정심을 유지하며, 단 한 차례의 갈등도 없어야 한다고 믿어왔다. 즉, 『삼국지』에 나오는 관우의 의연함이야말로 진정한 의미의 용기라고 배웠고, 또한 그것이 맞는 것이라고 생각한 것이다. 그렇지 못한 것은 용기가 없는 것이라 생각했다. 설사 용기 있는 행동이었다 해도 그 과정 중에 두려워하는 마음이 있었으니 그것을 진정한 용기라고 인정할 순 없다고 생각했다.

하지만 이것은 평생을 통해 변하지 않는 성격과 성향에 대한 문제이다. 왜냐하면 누군가는 타고난 겁쟁이고, 누군가는 대범한 성격이기 때문이다. 이런 것들은 특별한 전기가 없으면 고칠 수 없다. 그리고 많은 이들은 이런 특별한 기회를 맞을 수 있는 행운이 드물다.

우리는 원래 모두가 겁쟁이다

인간의 천성은 겁쟁이다. 우리는 누구나 겁이 많다. 인간은 겁이 많은 것이 정상이고, 겁이 없는 사람이 비정상이다. 그럼에도 관우와 같이 용맹한 사람들이 존재한다. 그들이 연기를 하는 것이 아니라면, 그것은 타고난 것이다. 혹은 어떤 기회를 통해서 그럴 수 있는 마음가짐을 배운 것이다. 그런데 이런 행운은 흔치 않다.

어린 시절 겁쟁이였던 사람은 늙어 죽을 때도 겁쟁이가 된다. 어느 시기에 겁쟁이인 자신을 발견했다면, 그것으로 인해 평생 동안 자신을 겁쟁이로 정의한다. 또한 다른 사람이 특정 상황에 겁을 내는 것을 발견하면 그 사람 역시 평생 겁쟁이로 기억한다.

용기를 어떤 불의나 공포에 대해 당당히 맞서는 것이라고 정의한다면 이 해석이 맞다고 보는 게 옳다. 이런 용기는 누구나 쉽게 가질 수 있는 것이 아니기 때문에 단 한 차례만 경험해도 인생 전체에 걸친 용기를 짐작할 수 있는 것이다. 만약 정말로 용기가 그런 것이 아니라면 어떨까? 원래 용기 없는 겁쟁이의 모습이 우리의 본질이라면 말이다. 그렇다면 이것은 좀 다르게 생각해야 하지 않을까?

비겁함이 우리의 본질이라면, 관우의 용기는 인간에 대한 몰이해로부터 나온 잘못된 판단이다. 어린 시절 읽었던 위인전이나 죽음 앞에서도 의연한 태도를 보였다는 어떤 이들의 신화와 같은 이야기들로 각색된 해석이라고 볼 수 있는 것이다. 이러한 이유로 우리는 한 순간에 나타나는 사람들의 용기를 기준으로 그 사람의 인생 전체를 평가해서는 안 된다.

그렇다면 용기는 어떻게 정의되어야 할까?

인간은 죽음을 가장 두려워한다. 그러므로 죽음 앞에 당당히 맞설 수 있는 용기가 최고의 용기라고 할 수 있다. 만약 용기를 다시 정의해야 한다면, 인간에게 용기란 죽음을 초연하게 바라보는 것이 아니라 그 공포를 견디면서 한 걸음씩 앞으로 나아가는 것을 의미한다. 벌벌 떨면서도 물러서지 않아야 하는 것이 진정한 용기란 뜻이다.

어떤 사람들은 신념이나 신앙의 힘으로 죽음마저 초월한 행동을 보이기도 하는데, 이것은 용기가 아닌 만용이나 정신적 환상에 사로잡힌 상태로 봐야 옳다. 이것이 미친 짓이라는 말은 아니다. 우리가 용기를 갖는다는 정의가 그들의 모습으로만 한정되어서는 안 된다는 뜻이다. 무엇인가를 믿고 흔들림이 없는 것이 나쁜 것은 아니다. 그것은 불가능을 가능하게 만드는 힘이 되고, 대의를 위해 목숨을 버릴 수 있는 삶을 통해 세상의 부조리와 싸울 수 있게도 해준다.

공산주의의 환상을 믿었던 지식인들이나, 종교의 절대성에 빠져 남의 종교에 폭력을 휘둘렀던 상황을 봐도 충분히 이해할 수 있다. 이런 상황을 고려해본다면, 용기 있는 행동이라고 정의 내려진 행동들은 결론적으로 용기 있고 위대한 존재로서는 대접받을 수 있을지 모르지만 양날의 검과 같은 모습을 지니고 있다는 점을 잊지 말아야 한다. 사상과 종교에 몰입된 이들의 상태는 그렇지 않은 사람들에겐 쉽게 이해할 수 없는 일이기도 하다.

용기는 어려운 것이 아닐 수 있다

우리는 용기에 대해 잘못 정의해서 용기는 아주 대단한 것이라고 믿기 때문에 쉽게 용기를 내지 못하는 경우가 있다. 용기는 주저함, 후회, 불안함, 변덕스러운 마음까지도 모두 포함해야 옳다.

어떤 젊은이가 사랑하는 이를 지키기 위해 불량배와 맞섰다면, 이는 오로지 정의감에 불타서 그런 행동을 한 것만은 아니다. 그는 두려움에 떨며 그들과 맞서는 것을 후회하면서 자기도 모르게 다리를 떨기도 하지만, 그럼에도 결국 그 자리를 떠나지 않고 버티는 것이다.

심지어 바지에 오줌을 싸더라도 상관없다. 불량배들로부터 비웃음을 살지는 모르지만, 위험에 빠진 애인을 구하기 위해 자신이 할 수 있는 모든 것을 행할 때, 그것이야말로 진정한 의미의 용기이다. 그것을 신념이나 사상, 종교의 힘을 빌려서 하는 게 좀더 멋있게 보일지는 모르지만, 정말로 어려운 용기를 낸 사람은 과연 어떤 쪽일까? 개인적으로는 전자에 더 박수를 보내고 싶다.

이것이 용기이다. 죽음을 두려워하지만 해야 할 일이 있다면 덜덜 떨면서라도 하는 것. 정말로 하고 싶지 않지만 내가 아니면 할 사람이 없다면 울면서라도 해야 하는 것이 용기이다.

인간은 누구나 두려움을 가지고 살아간다. 그것은 본능이며 누구도 벗어날 수 없다. 단지 특별한 사람만이 그것 없이 살아갈 수 있다. 그들은 실수를 안 할 정도로 숙련된 사람이거나 뛰어난 능력을 타고나서 걱정이 없는 사람일지도 모른다. 그러나 그들 역시 보통 사람보다 조금 덜 두려워할 뿐이지 두려움 자체가 없는 것은 아니다. 무술에 능한 사람이라도 결전을 앞에 두고서는 평정심을 유지하기가 어렵다. 만약 그렇지 않다면 정말로 대단한 수준의 훈련을 받은 사람이다.

평범한 사람은 불량배 앞에서 다리는 떨지만 도망치지 않는 용기까지만 가져도 충분하다. 여기에서 다리도 떨지 않으려고 하는 것은 자신에 대한 만용이다. 보통 사람이라면 심장이 격렬하게 뛰고 다리가 떨리는 것이 당연하다.

용기에 대한 정의를 새롭게 할 수 있다면 우리는 용기를 내기가 조금 쉬워진다. 다리를 떨지 않기 위해 노력할 것이 아니라 버티는 것만으로도 해낼 수 있기 때문이다. 물론 그것조차 쉽지는 않다. 그런데도 흔히 용기라는 게 도망치지도 말고 다리도 떨지 말아야 한다고 생각한다. 그것은 마치 초보 운전자에게 차선도 잘 지키고, 주변도 다 살피며, 급제동을 하지 말아야 한다고 주문하는 것과 같다. 하나씩 해도 힘든 것을 한꺼번에 주문하니 운전 자체가 두려워지는 것이다.

딱 비겁하지 않을 정도의 용기

우리는 과거의 경험을 통해 자신의 비겁함을 잘 알고 있다. 불의를 보고 눈을 감았고, 자신의 이득을 위해 남에게 해로운 짓을 하기도 했다. 옳고 그른 것을 판단하기보다는 이득과 손해를 먼저 계산했다. 어느 날 스스로에게 "나는 용기 있느냐?"고 되물었을 때 은근슬쩍 대답을 회피했다. 삶을 바꿀 기회나 큰 용기에 도전해야 할 대상이 있었을 때, 두려움으로 인해 핑계를 대거나 하지 못할 이유를 만들곤 했다. 어떤 말로 스스로를 해명해도 결국엔 도망친 것이다.

그러고도 우리는 영웅적인 행동으로 정의를 실현하는 모습에 박수를 보내고, 한계를 극복하고 위대한 일을 해낸 사람들을 부러워하고 존경하기도 했다. 그렇다고 해서 갑자기 용기 있는 존재가 되는 것도 아니고, 이 사회가 정의로워지지도 않으며, 우리의 삶이 바뀌는 것도 아니다. 우리가 그 용기를 실천하지 않는 한 말이다.

슈퍼맨처럼 강한 힘을 가진 존재가 하는 행동은 용기 있는 행동이 아니다. 그것은 능력이다. 무술 사범이 불량배를 제압하는 것도 용기 있는 것이 아닌 능력이다. 평범한 이들은 어떤 무술이든지 겨우 1단 남짓이거나 그도 안 될뿐더러, 짧은 다리를 올려봐야 어깨 남짓이다. 그럼에도 불구하고 불량배에 맞서 싸워야 하고, 사회의 불의를 그냥 넘겨서도 안 된다. 너무 떨리고 불안하지만 도망가고 싶은 마음을 진정시키고 그 자리에서 버텨내야 한다. 그것이 용기다. 총알이 빗발치는 전쟁터에서 무작정 돌진하는 것은 용기가 아니다. 그것은 목숨을 저당 잡힌 행위이다. 우리는 최대한 고개를 숙이고 총을 쏴야 한다.

자신의 삶이 잘 풀리지도 않고 새로운 도전을 위해 용기를 내야 할 때, 누구처럼 아무런 갈등 없이 폭풍처럼 돌진할 수도 없다. 우리는 일이 잘못될까봐 전전긍긍한다. 그럼에도 불구하고 자신을 바라보는 가족의 눈망울을 보면서 발걸음을 내디뎌야 한다. 그것이 용기다.

살다 보면 막연한 두려움에 도망칠 수 있다. 한 번 도망쳤을 때 그것을 반성하고 스스로 마음을 다잡으면 된다. 정말 잘못하는 것은 도망친 후 그것을 스스로 합리화하는 것이다.

우리는 평생 두려움을 느낄 것이고 도망가고 싶어 할 것이다. 과거에는 바로 도망쳤다면, 지금은 조금 더 버티다가 도망치고, 미래엔 제법 버텨주기만 해도 된다. 그리고 언젠가는 마지막까지 버텨낼 수 있기만 하면 되는 것이다.

우리보다 어린 나이에 그 위치에서 버텨내고 있는 이들을 고깝게 보고, 그들이 세상 물정을 모른다고 비판하지 말고 작은 응원을 보내줘야 한다. 세상에는 이런 용기는 고사하고 자신처럼 비겁하게 살아야 한다고 촐싹거리는 이들이 너무 많다.

매일매일 조금씩만 용기를 내보자. 그러다 보면 언젠가는 대견할 정도로 용기 있는 사람이 되어 있을 것이다. 처음엔 바지에 오줌을 쌀지도 모르지만, 얻어맞는 것도 이골이 나면 고소하기 쉬운 부위를 골라가면서 맞지 않을까? 좀더 나은 미래를 꿈꾼다면 용기에 대한 새로운 정의를 내리고 작은 용기부터 실천해나가야 한다. 이런 작은 용기들이 모였을 때 큰 용기가 생겨나는 것이다.

용기 없는 나를 스스로 비판하지 말자. 부끄러워할 필요도 없다. 우리 모두는 비겁하고 용기가 없다. 우리는 물에 빠진 사람을 구할 수 있는 능력도 용기도 없다. 그렇다고 물에 빠진 사람이 보따리를 내놓으라고 할지 모른다면서 구하지 못함을 합리화하지는 말자. 수영을 못하고 용기가 없어서 물에 뛰어들지 못함은 우리들의 평범한 모습이다. 그러니 혹시라도 뭔가 던져줄 것이 있는지를 찾아보자. 그것이 우리가 할 수 있는 최선이다.

평생을 비겁하게 살면서, 자신이 비겁한 것이 아니라 상황이 그렇게 만들었다고 핑계대지는 말자. 오늘 나 자신의 삶을 조금이라도 용기 있게 하기 위해서 조금씩이라도 바꿔보자. 이 작은 변화를 늘 붙들고 산다면 지금보다는 더 용기 있는 삶이 되지 않을까?

내 안의 화를 다스리는 조금은 현명한 방법

나 : 기상청은 정말 제대로 하는 것이 뭔지 모르겠어. 예보도 없이 비가 와서 홀딱 맞았잖아.

빙고 : 안 나가면 되지.

나 : 소개팅이 있었는데 어떻게 안 나가?

빙고 : 우산을 가져갔으면 되지.

나 : 예보도 없었는데 어떻게 가지고 나가?

빙고 : 그럼 소개팅이 잘 안 되었나보네. 기상청은 맨날 틀리는데 오늘따라 화내는 것을 보니까.

남자와 여자는 주말인 금요일 저녁에 약속을 잡았다. 오랜만에 맛있는 식사를 하기 위해 제법 비싸지만 맛과 분위기가 괜찮다고 소문 난 강남의 이탈리안 레스토랑에 가기로 했다. 약속 시간은 서로의 퇴근 시간을 고려해서 7시 반으로 잡았다.

금요일 7시 반쯤에 남자는 레스토랑 근처의 만나기로 한 장소에 도착했다. 그런데 여자는 회사에 급한 일이 생겨 30분 정도 늦고 말았다. 남자가 다니는 회사에 비해 여자가 다니는 회사는 경직된 분위기에 퇴근 시간 역시 자유롭지 못해 여자가 약속을 지키지 못하는 상황은 과거에도 몇 번 있어왔다. 남자 역시 그런 여자의 상황을 충분히 이해했기에 보통은 그냥 넘어갔다.

그런데 그날은 상황이 꼬여 레스토랑 좌석은 이미 만석이고 설상가상으로 대기자도 많았다. 남자는 여자를 기다리면서 기분이 상했는데, 그 일로 인해 조금 더 상해버린 것이다.

행복하기 위해, 즐겁기 위해 데이트 약속을 잡았는데 여자가 30분을 늦는 바람에 그날의 모든 것이 틀어져버린 것이다. 물론 사전에 예약을 하지 않은 둘 모두의 잘못이지만, 실제로 예약을 했더라도 문제였을 것이다. 남자는 평소 약속 시간에 늦게 오는 사람들을 탐탁지 않게 생각했고, 평소 예약 같은 것을 잘 하지 않는 성격이기도 했지만, 상황이 이렇게 되자 불만이 쌓이며 점점 더 화가 나기 시작했다. 왜 하필이면 오늘 늦게 와서 기분 좋은 주말 저녁을 망쳐버리는지 생각할수록 화가 치밀어올랐다.

하지만 남자는 경험적으로 지금 여자에게 화를 내면 안 된다는 것을 알고 있었다. 그녀 역시 어쩔 수 없이 약속에 늦고, 식당에서도 기다려야 하는 상황에 대해 마음이 편치 않을 것이 분명했다. 그리고 사실 이 문제는 그녀가 책임져야 할 문제는 아니다. 그럼에도 틱틱대는 듯한 말투가 튀어나왔고, 여자는 의도는 아니었지만 자신이 늦어서 이렇게 된 상황이니 애써 참았다. 하지만 커피숍으로 자리를 옮겨 차를 마시던 중 남자가 커피 맛이 쓰다고 짜증 섞인 말투로 투덜대자, 그녀 역시 도대체 왜 그러냐고 따지면서 참았던 화를 폭발시키고 말았다.

상황이 이렇게 흐르자 남자 역시 자신의 감정을 숨기지 않고 터트렸고, 결국 둘은 크게 싸우게 되었다. 남자는 늦게 온 여자를 비난했고, 예전에도 몇 차례 늦었던 여자의 과거를 상기시키면서 잘못을 인정하라고 했다. 하지만 여자는 여자대로 자신이 비록 늦긴 했지만 자신의 의지도 아니었고, 퇴근 시간의 자유로움이 없는 회사에 다니는 자신을 이해해주지 못하는 남자 친구의 좁은 속이 답답했다. 또한 그 남자가 과거에 한두 번 늦은 적이 있었을 때 자신은 다 이해해줬다는 기억이 떠오르며, 과거 자신이 늦었던 이야기까지 꺼내는 남자가 몹시 야속하게 느껴졌다. 결국 둘은 크게 다툰 뒤 헤어지고 말았다.

그 후로도 두 사람은 채팅과 통화를 통해 서로의 잘못에 대해

지적하고 설득하려 했지만, 결국 둘 모두 상대의 말을 납득하지 못했고, 일주일의 냉전 기간을 거친 후 서서히 관계를 회복했다. 그렇다 해도 둘은 서로의 입장을 완전히 이해하고 받아들인 것은 아니었다. 그냥 어떤 계기로 기분이 나아져서 만나서 얘기하다 보니 정말 그날 싸운 것이 아무것도 아니라는 생각도 들고, 또 기억도 희미해져서 그렇게 된 것이다. 그리고 1년 정도의 시간이 지나자 싸웠던 기억마저도 가물가물해졌다.

이 이야기는 연인 간의 싸움에서 일어날 수 있는 일반적인 예이다. 상황에 따라 다르겠지만 연인들은 이런 비슷한 이유 등으로 많이 싸운다. 여기에서 남자는 여자가 약속에 늦었고, 그로 인해 식당에 들어가지 못한 상황에 대한 짜증을 냈고, 여자 역시 기분이 상해 있는 상태에서 어느 정도 남자의 짜증을 받아줬지만 한계에 이르러 결국 서로가 화를 내는 상황으로 발전한 것이다.

그런데 여기에서 한 가지만 더 살펴보자. 여자가 일부러 늦은 것도 아니고, 회사에서 일 때문에 늦게 온 것에 대해 남자는 왜 예전처럼 참지 못하고 짜증을 냈을까? 물론 식당 때문에 그랬을 수도 있다. 누구나 그런 상황이면 짜증이 날 수 있으니까 말이다.

하지만 혹시 그날 남자가 회사에서 일 때문에 크게 스트레스를 받은 상황이었기 때문이란 점을 더하면 쉽게 설명이 되지 않을까? 일을 실수해서 상사에게 크게 질책을 받았거나, 누군가의 실수로 인해 하던 일의 결과가 좋지 않게 나오는 등 말이다. 그래서 그날 남자가 회사에서 스트레스를 받아 기분이 나빠진 상태에서 '여자의 늦음', '식당 못 들어감'이란 사태가 벌어지면서 그 화가 증폭된 결과라면, 과연 이 남자가 느낀 감정의 근원은 도대체 어디에서 오는지를 생각해봐야 한다.

우리의 감정이 매우 자주 그리고 쉽게 바뀔 수 있다고 생각할지도 모르겠지만 그것은 실제로 큰 착각이다. 물론 우리 감정은 어떤 순간엔 급격하게 변하기도 한다. 하지만 보통은 적절한 이유가 없다면 바뀌기가 힘들다. 만약 감정이 쉽게 바뀐다면 누군들 기쁨과 즐거운 감정으로 언제고 바꾸고 싶어 하지 않겠는가? 우리는 아침에 조금 기분 나쁜 일이 생기면 그로 인해 하루를 망치는 경우를 경험하기도 한다. 우리가 원래 감정의 상태를 바꾸려면 꽤나 큰 자극이 필요하다.

화를 내는 과정도 역시 이런 원리가 적용되어 나타난다. 남자의 입장에서는 회사에서의 스트레스, 금요일 지하철의 혼잡함, 여자의 지각, 식당에 가득 찬 사람들 등의 요소들이 조합되어 짜증이 났고, 이것이 여자의 폭발로 인해 점화가 되어 실제로 화를 내게 된 것이다.

하지만 남자가 여자에게 자신이 짜증 난 이야기를 할 땐, 여자의 지각 이전에 일어난 자신의 감정적 변화를 잘 인지하지 못하고, 결정

우리들 대부분은 자신이 화가 난 진짜 이유를 모른다.

적으로 화가 폭발하게 된 사건만을 유일한 문제점으로 인식하기 마련이다. 이런 태도는 인간이라면 누구나 그럴 수 있는 너무도 당연한 것 중 하나이다.

물론 아무리 화를 낸 시작점이 자신의 회사라고 해도 그것을 최종 폭발시킨 여자의 지각이 관련 없다는 말은 아니다. 좀더 냉정하게 따져보면 여자의 지각은 둘이 사귄 기간으로 인해 예상할 수 있는 일이기도 했다. 또한 식당에 자리가 있었다면 이 사건은 약간의 짜증으로 끝날 수 있는 상황이긴 했다. 하지만 그렇지 못함으로써 해소되지 못하고(보통 맛있는 음식을 먹으면 기분이 나아져서 자연스럽게 해결된다) 둘은 결국 싸우게 된 것이다. 이것이 바로 상황 논리이다.

우리는 왜 화를 낼까?

화는 매우 다양한 형태로 나타난다. 사람마다 화를 내는 상황이 매우 다르고, 화를 내게 되는 임계 지점도 차이가 난다. 화란 것이 우리의 감정이기 때문에 그렇다.

인간은 교육을 통해 이성적인 능력은 어느 정도 평균치에 맞추지만, 감정은 전혀 그럴 수 없다. 감정은 이성처럼 조절될 수 있는 것도 아니고, 우리가 이성이라고 부르는 능력은 감정을 숨기는 역할만 하고 있을 뿐이다.

우리는 기본적으로 화를 내는 것을 싫어한다. 화를 내는 것 자체가 자신의 기분을 상하게 하고, 또한 화를 내게 되면 다른 이들과의 관계도 틀어지기 때문이다. 이것을 우리의 이성은 너무도 잘 안다. 그럼에도 우리는 왜 화를 내게 될까?

우리가 화를 내는 가장 중요한 이유는 바로 손해를 입었다는 생각이 들기 때문이다. 무시를 당해도 화가 나는 경우가 많은데, 이 무시를 당하는 것 자체도 일종의 손해이다. 무시를 당할수록 어떤 식으로든 손해를 입을 수 있다는 것을 우리는 알고 있다. 무시당한다는 것은 상대방이 나에게 신경을 쓰지 않는다는 의미이고, 그러니 나에게 물 한 잔이라도 덜 돌아오게 되는 것이다.

하지만 이 무시를 당했다고 대놓고 화를 낼 수만은 없다. 이것을 참지 못하고 화를 내면, 화를 잘 내는 사람이나 참을성이 부족한 사람으로 평가되기 때문이다. 이는 다른 사람들에게 신망을 잃는 상황으로 이어진다. 그리고 이런 관계의 틀어짐은 또 다른 손해의 가능성이 된다. 즉, 참지 못하고 화를 내면 이중 손해가 벌어지는 것이다. 물론 화를 내고 난 후 잠시 잃었던 손해를 만회하는 경우도 있으니, 반드시 화가 손해를 입는 결과로만 이어지는 것은 아니다. 하지만 그러기 위해서는 반드시 자신이 낸 화에 대한 정당성이 필요하다.

두 사람이 화를 내고 싸우다 경찰서에 가게 되면, 가장 중요한 것은 누가 더 잘못했느냐의 여부이다. 한쪽이 확실하게 잘못해서 문제가 생겼다면 그 사람은 처벌을 받는다. 이런 경우엔 원인 제공자가 돈을 건네며 합의를 해달라고 빌게 되어 있다. 우리가 화를 낸 후 자신의 정당성을 주장하는 이유가 바로 이것이다. 화를 낸 다음엔 자신이 정당할 때만 유일하게 손해를 만회하고 이득까지 챙길 수 있다. 하지만 '정당한 화'라는 것은 무척 어렵다.

인간은 화를 낼 수밖에 없는 존재이다. 물론 오래된 훈련에 의해서 화를 억제하고 표현하지 않는 기술을 습득할 수는 있지만, 평생 한 번도 화를 안 내고 살 수는 없다. 만약 그래 보이는 사람이 있다면 그 사람은 잘 억제하고 있는 것뿐이다.

우리가 화를 내는 이유엔 좀더 본질적인 것이 숨겨져 있다. 단순히 말하면 손해를 보기 싫어서 화를 낸다고 할 수도 있지만, 더 깊이 들여다보면 거기엔 공포심이 자리 잡고 있다. 어떤 존재든 손해 보는 것을 싫어하는데, 모든 손해는 바로 죽음과 연결이 되기 때문이다. 우리가 느끼는 모든 분노라는 감정의 근원에는 죽음에 대한 두려움이 깔려 있다는 점을 이해해야 한다.

친구의 심한 장난으로 많이 놀란 상대방이 심하게 화를 내는 광경을 목격하거나 경험할 때가 있다. 그것이 단지 장난이었다고 해도 감당할 수 없을 만큼 크게 놀라면 장난친 친구에게 심하다 싶을 정도로 화를 내게 된다. 단지 깜짝 놀라서 두려움을 느꼈다는 이유로 화를 내는 것이다. 우리는 화를 내지 않으려고 노력하지만 두려움이 들 땐 어쩔 수 없이 화를 내게 된다. 그래서 심리적으로 불안한 사람은 안정적인 사람보다 훨씬 더 자주 화를 내게 된다. 원래 심리적으로 불안하다는 말 자체가 마음속 두려움이 커져 있는 상태를 의미하기 때문이다. 이미 커진 두려움은 약간의 추가적인 두려움이 밀려와도 터지고 만다. 평소에 불안함을 피하고 최대한 안정적으로 살려는 이유 자체가 바로 두려움으로부터의 멀어짐이다.

모든 화는 우리 자신으로부터 출발한다

살다 보면 정말로 상대가 크게 잘못을 해서 화를 내는 경우가 있다. 이것은 확실하게 상대의 잘못이다. 멀쩡히 길을 가고 있는데 뒤에서 부딪치는 경우가 그렇다. 하지만 보통 우리가 내는 화의 원인이 오직 한쪽에만 있기는 힘들다. 물론 그것이 한쪽으로 쏠리는 경향도 많지만, 여기에는 상황 논리란 것이 고려되어야 하기 때문에 계산이 그리 쉽지 않다.

앞에서 예로 든 남자와 여자의 상황에서 모든 것을 촉발시킨 여자의 지각은, 여자가 다니는 회사의 문제이거나 그녀의 상사 문제일 수 있다. 그렇다면 남자는 여자의 지각에 대해서 그녀가 아닌 그녀의 회사에 화를 내고 따졌어야 옳다.

하지만 어떤 사람이 그럴 수 있으랴? 식당에 사람이 가득 찬 것 역시도 완전히 상황 논리이다. 그날따라 그랬는지, 아니면 금요일마다 늘 그러는지 모르지만, 결국 그것을 잘 알아보지 못하고 대충 약속을 잡은 그 둘의 성격이 그 상황을 불러온 것은 아닐까?

남자들이 무서워하는 여자들의 말이 있다. "오빠, 내가 왜 화났는지 몰라?"라고 따지면서 하는 여자들의 질문이 그것이다. 이 질문에 남자들은 좀 당황스럽지만, 어찌 되었건 여자가 화가 났다 싶으면 기분을 풀어주려 한다. 하지만 대부분 쓸데없는 노력이 되고 만다.

여자가 화가 난 이유를 남자에게 묻는 이유는 두 가지이다. 하나는 자신도 잘 몰라서 그렇고, 다른 하나는 그것을 스스로 말하기에는 창피하기 때문이다. 이런 경우라면 상대의 잘못을 명확히 따지기가 힘들어서 대놓고 지적하지는 못하지만, 쪼잔한 일에 기분은 나쁜 상태라고 이해하면 된다.

우리 인간은 여러 가지 이유로 화를 낸다. 그리고 그것 때문에 싸울 때는 유리한 입장만 이야기하고 불리한 것은 언급하지 않으려고 한다. 그러다가 도저히 답이 안 나오면, 각자의 친구들에게 화난 이유를 이야기한다. 이때도 역시 불리한 것은 쏙 빼고 이야기한다. 하지만 싸운 이야기를 들은 친구들은 전혀 도움이 되질 못한다. 오히려 자신들이 더 화를 내면서 갈라서라고 충고한다. 친구들의 이런 반응은 당연하다. 자신이 잘못한 것은 쏙 빼고 상대가 잘못한 것만 얘기하니 친구들 입장에서는 그 상대가 사람 같지도 않아 보이는 것이다.

친구들의 객관적인 의견을 들어보니 역시 자신의 잘못은 하나도 없어 보인다. 그래서 둘 모두 점점 더 자신이 잘하고 상대가 못했다는 확신을 갖게 된다. 이것이 서로 싸우게 되는 가장 큰 이유로, 결국 연인 사이엔 결별, 부부 사이엔 이혼, 친구 사이엔 절교의 사유가 된다.

화는 인간과 인간 사이에 나타나는 감정이다. 하늘에서 똥을 싸고 날아가는 비둘기에게 화를 낼 수도 있지만 한계가 있다. 우리는 인간이기에 서로 끝없이 관계를 맺고 끊는다. 그 모든 관계는 언제나 이득과 손해가 함께한다. 그리고 누구나 손해 보는 것을 싫어한다. 그러니 나에게 손해가 되었다 싶으면 화를 낸다. 하지만 화는 또한 관계가 틀어지게 만드는 원인이 되기 때문에 우리는 화를 모두 드러내서는 안 된다.

그렇다고 해서 화가 무조건 부정적인 것만은 아니다. 적절한 정도로 조절된 화는 스트레스를 풀어주고 감정의 찌꺼기를 날림으로써 갈등 후 카타르시스를 느끼게 해주는 작용도 한다. 비 온 뒤 땅이 굳어진다는 의미는 화를 낸 직후 둘 사이에서 갈등을 해소하고자 진지한 대화를 나눔으로써 관계가 진지하게 굳어짐을 뜻하는 것이다. 만약 서로가 싸운 후 이런 진지한 대화가 이어지지 않고 시간이 흘러 자연스럽게 해소가 되는 관계라면, 이것은 상황이 해결된 것도 아니고, 오랜만에 찾아온 성찰의 시간을 놓친 결과가 되어버린다.

우리는 화를 통해 가벼움을 버리고 진지해질 수 있으며, 이 시간만큼은 자신이 놓치고 사는 많은 것을 생각해볼 수 있는 기회를 가질 수 있다. 상대와의 대화 속에서 더 깊은 이해를 할 수 있게 되는 것이다. 화는 화를 낸 상황을 해결하면서 더욱 좋은 효과를 내게 된다. 대다수의 사람들은 깊이 생각하는 것을 두려워하기에 누군가와 속 깊은 대화 나누기를 기피한다.

또 하나 생각해야 할 점은, 화는 생각만큼 상대의 잘못으로 일어나는 감정이 아니란 것이다. 그 어떤 종류의 화든지 간에 그 원인에 자신의 문제는 늘 존재한다. 비둘기가 똥을 싸고 지나갈 때 수영복을 입고 있었다면 "에이" 한마디 하고 샤워하면 된다. 그런데 정장을 입고 중요한 만남을 할 예정이라면 얘기는 달라진다. 총이 있다면 비둘기를 쏴 죽이고 싶을 것이다. 이렇듯 동일한 상대의 행동이라고 해도 내 상황에 따라 화를 낼 수도, 안 낼 수도 있다. 이것을 판단할 때는 오직 상대의 입장이나 행동만을 생각하게 되는 것이 우리 인간이다.

화를 내지 않는 것보다
그것을 어떻게 감당하느냐가 중요하다

인간은 감정의 존재이기에 화를 내는 것은 당연하다. 사람에 따라 화를 내거나 참는 상황은 제각각이다. 그리고 누구나 화를 잘 참는 사람으로 보이길 바라기 때문에 화가 나도 아닌 척 연기를 한다. 어쩔 수 없이 화를 내더라도 이것이 지극히 상식적인 수준으로 보이길 바란다. 그래서 자신의 화가 얼마나 정당성 있는 것인지를 주장하려고 애쓴다. 이를 위해 상식, 경험, 매너, 관계성, 예의 등 평소엔 신경도 쓰지 않는 것들을 몽땅 이용한다. 이렇게 주장된 정당성은 어떤 식으로든 이득과 손해로 연결된다.

연인 간에 싸움이 일어나면 상식의 범위를 가지고 싸운다. 둘은 서로 각자 다른 상식을 제시하면서 상대방이 지닌 상식의 문제점을 지적한다. 약속에 늦은 사람은 "사람이 실수로 약속에 늦을 수도 있지"라고 하면서 "너는 살면서 한 번도 늦어본 적이 없냐?"고 따지고, 반대 입장에 있는 사람은 "약속 시간을 지키는 것은 인간관계의 기본"이라고 주장한다. 그러나 이는 자신의 감정을 이성적으로 해석하고 있는 모습일 뿐이다. 우리가 감정을 느끼는 것이 당연하다면 그 감정에 대해 스스로에게 솔직해야 한다. 그래야 감정이 꼬이지 않고 자연스럽게 흘러간다.

감정의 흐름을 이성적 해석으로 꼬아버리면 결과는 심하게 왜곡돼 나타난다. 화의 정당성을 위해 자신의 잘못을 알고 있으면서도 마구잡이식으로 유리한 내용만 적용시키면서 끝없는 자기 합리화의 길로 가게 된다. 이것이 익숙해지면 다른 이들로부터 마치 그런 사람인 양 인정받기까지 한다. 이것은 스스로에 대한 기만이며, 결국 아무것도 배우지 못해 전혀 변화되지 않는 사람이 되는 길이다.

만약 '화'를 느꼈다면 다각도로 생각해봐야 한다. 내가 왜 화를 내게 되었는지에 대한 깊은 사고가 없다면 늘 자신이 말한 핑계로만 화를 냈다고 믿게 된다. 이것은 진실이 아니다. 진짜 화를 낸 이유를 제대로 파악할 때라야 힘들지만 그것을 극복할 수 있다. 그리고 반복하지 않을 수 있다.

대부분의 사람들은 화가 났을 때 왜 화가 났는지를 궁금해하지 않는다. 그냥 정당성을 획득하기 위해 최대한 자기편을 더 많이 만들려고만 애쓴다. 이 흐름은 상대 역시 똑같이 일어나기 때문에 서로 얼마나 정당하냐를 다투는 일이 되어버리고 만다.

모든 화의 원인이 자신으로부터 비롯된다는 것과, 아무리 정당성을 획득하려고 노력해도 그것은 이득과 손해에 대한 필요성임을 이해한다면, 우리는 자신이 화를 내는 것에 대해 좀더 깊은 이해가 가능하다. 또한 그 정당성의 근원에는 우리의 끝없는 두려움이 뱀처럼 똬리를 틀고 있다는 것을 이해해야 한다. 그래서 자신의 마음속에 있는 불필요한 두려움에 대해 좀더 과감히 대처해야 한다. 사실 두려움의 일부는 별로 근거도 없기 때문이다.

이러한 감정에 대한 성찰이 있을 때 우리는 좀더 현명하게 자신의 삶을 살아갈 수 있다.

우울과 권태, 행복을 가로막는 최고의 적

나 : 심심하다. 놀 것 없어?

빙고 : 이 공 가지고 놀아.

나 : 그건 너나 좋아하는 놀이지.

빙고 : 넌 무엇을 좋아하는데?

나 : 음…… 모르겠어.

최근 대한민국의 사망 원인에 대한 통계치를 보면 40세 미만에서는 자살이 1위, 그 이상에서는 암이 1위를 차지하고 있다. 사회 구성원 전체를 기준으로 보면 암, 자살, 혈관 질환이 주로 죽음의 원인이 되고 있다. 대한민국에 사는 우리들 대부분은 암에 걸려 죽거나, 자살하거나, 혈관 질환으로 죽고 있는 것이다. 그래서 슬프고도 웃긴 얘기로 "자살 안 하고 견디면 결국 암에 걸려 죽는다"는 말까지 나오고 있는 형편이다.

그런데 이중에서 같은 죽음의 원인이라고 해도, 자살은 암이나 기타의 죽음과는 근본적인 차이가 있다. 또한 다음과 같은 이유로 자살은 다른 모든 사망 원인과는 다르게 접근되어야 한다. 당연하게도 그것은 '원하지 않는 죽음'과 '스스로 선택하는 죽음'이란 차이이다.

물론 정확히 말하면 자살은 선택하는 죽음은 아니다. 마치 자살이 '스스로 죽였다'는 말인 것처럼 선택하는 듯 보이지만 어쩔 수 없는 죽음이긴 하다. 그나마 이것을 선택적 죽음이라고 부를 수 있는 이유는 죽음의 시간, 장소, 방법 등을 스스로 결정할 수는 있기 때문이다.

하지만 가장 중요한 '죽어야 하는 것' 자체는 스스로 선택한 것이 아니다. 어쩔 수 없기 때문에 그렇다. 생명체에게 죽음은 최고의 고통이다. 그런데도 불구하고 자살을 하는 이유는 바로 삶의 고통이 죽음의 공포를 넘어서고 있기 때문이다.

우리나라 사람들은 자살이 너무 흔한 사회에 살고 있어서 무뎌져 있을지 모르지만, 원래 자살은 그리 흔한 것이 아니다. 세계적으로 볼 때 자살이 주요 사망 원인이 되는 나라는 흔치 않다. 그래서 대한민국은 최근 몇 년째 OECD 국가 중 자살률 1위를 기록 중이다.

슬픈 결과긴 하지만 우리들 대다수가 자기 살기 바빠서 신경 쓰지 않는 이런 통계치는 치워버리고, 인간이 왜 자살을 하는지에 대해서 잠시 생각을 해보자.

자살은 살아갈 희망이나 목적을 찾지 못해서 자신의 목숨을 끊는다는 동일한 결론을 가지고 있지만 그 원인은 생각보다 다양하다. 희망이 없어서, 두려워서, 미안해서, 그냥 살고 싶지 않아서, 우울해서, 현실이 너무 힘들어서, 빚 때문에, 살아 있는 것 자체가 누군가에게 민폐가 되어서, 경찰에 쫓겨서, 너무 화가 나서, 자신의 마음을 받아주지 않는 사람에게 복수하기 위해서 등의 이유로 스스로 목숨을 끊는다.

자살에는 너무나 많은 이유들이 있다. 그런데 이 모든 원인들을 살펴보면 공통점을 하나 가지고 있다. 그것은 어떤 상황이든 당사자의 삶을 우울하게 한다는 것이다. 우울함은 바로 불행함이다. 우리가 자살을 선택하는 이유는 바로 불행하기 때문이다.

너무 당연한 이야기라서 덧붙일 말도 없다. 그래도 우리가 왜 우울해하는지에 대해서는 조금 더 알아봐야 한다. 왜냐하면 우울함은 인생의 특정 시기가 오면 누구나 자연스럽게 경험하는 것이기 때문이다.

물론 운 좋게 그것을 건너뛰는 사람도 있을지 모르겠지만 대부분의 사람들은 우울함을 경험할 수밖에 없다. 사람에 따라서 그 우울함이 깊게 다가오는 사람이 있고, 거의 느끼지 못하고 지나가는 사람도 있다. 이는 성향의 차이일 뿐이다.

우리는 왜 우울함을 느끼게 될까?

인간의 행동은 아주 단순한 작동 원리를 가지고 있다. 욕구를 통해 일을 만들어내고, 그렇게 생긴 의욕으로 원하는 것을 얻으려고 노력한다. 이 노력의 끝엔 행복이란 달콤한 열매가 기다릴 수도 있고, 실패라는 고통이 있을 수도 있다.

우리들 대부분은 단 한 차례 성공했다고 해서 그것에 만족하지도 않고, 단 한 차례의 실패로 좌절해 더 이상 시도를 하지 않는 등의 극단적인 선택은 하지 않는다. 이는 살아가는 과정 속에서 반복적으로 되풀이되는데, 우리는 그 자체를 삶이라고 부른다. 우리는 '욕구 생성 → 의욕 발휘 → 노력 → 달성 또는 실패 → 행복 또는 불행'이라는 흐름을 무한히 반복한다. 그런데 우울함이 심한 사람은 이 흐름의 시작인 '욕구' 자체를 만들어내지 못한다.

아니, 이보다 먼저 어떤 욕구를 느끼는 원인, 즉 행복을 느끼고 싶다는 최종 목표조차 생겨나지 않는 경우도 있다. 이를 좀더 정확히 표현하자면 어떤 것을 해야 행복할지에 대한 스스로의 답을 찾지 못한다는 것이다. 이런 우울함이 지속적으로 반복되어 나타나면 우리는 그것을 '우울증'이라고 부른다. 인간은 누구나 조금씩 우울증을 가지고 산다. 단지 이것이 심화된 사람에 한해서 치명적인 문제로 이어지는 것이다. 바로 삶의 의욕을 잃고, 차라리 죽고 싶다는 생각이 들게 만드는 '자살'이다.

우울증은 생각보다 단순한 증상이다. 그것은 어떤 일을 해도 행복할 것 같지 않아서 어떤 욕구도 느끼지 못하는 증상이다. 이는 어떤 의욕도 가질 수 없는 상태를 말하며, 당연히 뭔가 이루려고 노력하지 않게 된다. 우울증에 걸리지 않은 보통 사람들도 가끔은 "의욕이 없다"는 말로 무기력함을 답답해하기도 한다.

이런 우울함이 상시적으로 나타나는 사람은 우울증에 걸린 것이다. 우울증이란 병은 단순히 정신적으로만 느끼는 증상이 아니라 호르몬 분비에 문제가 생긴, 육체적으로 문제가 발생한 환자이다. 장시간 행복을 느끼지 못해 우울증에 걸린 사람은, 행복을 느끼게 해주는 호르몬이 정상적으로 분비되지 못해 행복을 느끼지 못한다. 그것은 마치 오래 쓰지 않아 작동되지 않는 기계와 같다.

그런데 이와 비슷한 증상이 하나 더 있다. 바로 '권태'이다. 권태는 얻어진 행복을 충분히 즐긴 후 지겨움을 느끼는 단계를 의미한다. 물론 권태는 권태증과 같이 하나의 증상으로 다뤄지는 병은 아니다. 우울증과 권태는 언뜻 비슷한 모습을 보인다. 이 둘 모두 행복을 느낄 수 없는 상태이기 때문이다. 권태는 다른 행복거리를 찾아서 그것을 통해 새로운 의욕을 찾아낼 수 있는 반면 우울증은 그럴 수 없다. 우울증으로 행복을 느낄 수 있는 육체적 시스템이 망가졌기 때문이다. 이렇게 우울증과 권태는 비슷하면서도 다르지만, 그 증상이 비슷하기에 여기에서 같이 다뤄본다.

일단 우울함 혹은 그것이 심화된 우울증을 바라볼 때 가장 먼저 생각해야 할 점은 바로 '우리는 왜 이런 원하지 않는 상태에 놓이게 되는가'이다. 이것을 이해하기 위해서 앞에서 설명한 행복을 얻는 흐름을 다시 바라봐야 한다. 일단 '욕구 생성 → 의욕 발휘 → 노력'의 흐름에서 결국 '실패'를 하면 우리는 '불행'해진다. 그리고 운 없게도 여러 번의 실패가 반복되어 원하던 행복을 얻을 수 없게 되면, 시작부터 실패할 것 같은 두려움이 찾아와 결국 시작조차 망설이게 된다. 이것은 최초의 욕구 생성을 막는 역할을 한다. 이것이 우리가 우울증에 빠지는 가장 흔한 원인이 된다.

우울증은 또 다른 원인에 의해서도 발생한다. 급격한 환경 변화에 따른, 전혀 의도하지 않은 경우이다. 어떤 이유로 인해 자신이 행복할 수 있는 기회를 뺏기면 우울증에 빠진다. 이것은 아이를 키우기 시작한 전업주부들이 흔히 겪는 주부 우울증의 원인이다.

아이를 낳기 전에는 사람도 자주 만나고 잠도 잘 잤는데, 아이를 키우다 보니 하루 종일 아이 뒤치다꺼리에 잠도 못 자고, 사람을 만나 행복할 수 있는 기회도 없으며, 출산 후 급격히 무너진 몸매와 망가진 얼굴을 보면 처녀 때 모습은 사라지고 낯선 아줌마의 모습이 보이는 것이다.

신체의 급격한 변화는, 당해보지 않은 사람은 공감하기가 힘들다.

이런 원치 않는 변화는 심적으로 큰 충격이 되며 쉽게 극복되지 못한다.

반대로 어떤 노력의 결과가 성공으로 끝난 경우엔 행복을 느끼지만, 이 경우에도 권태로움이 찾아오면서 우울증과 비슷한 결말이 나타난다. 이미 보상된 행복은 시간이 지남에 따라 서서히 희미해지고, 더 이상 그것을 붙잡고 살면 안 되는 상태가 되어버린다.

그래서 권태는 '시간이 지난 후'라는 단서가 붙는다. 물론 그 시간은 사람마다 다르게 판단될 것이다. 같은 행복의 결말이라 해도 성격에 따라 수십 년이 걸리는 사람도 있고, 단 몇 달이 걸리는 사람도 있다. 결혼 생활에서 평생 권태를 느끼지 않는 부부도 있고, 단 몇 달 만에 꿈 같은 신혼 시절은 기억으로 남긴 채 현실만이 존재하는 부부도 있다.

결혼을 하지 않은 연인들도 마찬가지다. 대부분의 연인은 사귀는 기간이 늘어갈수록 의무적으로 관계를 유지하는 경향이 나타난다. 그러다가 결국 지쳐서 결혼을 하거나, 도저히 견디지 못하고 헤어진다.

결론적으로 이 상황을 정리하면, 생긴 욕구를 충족시키는 데 실패하면 우울증이 찾아오고, 성공하면 잠시 행복하지만 결국 권태가 찾아온다는 것을 알 수 있다.

행복의 최고의 적, 권태

발생 과정과 원인은 다르지만, 결국 우울증이나 권태는 공통적으로 행복을 얻지 못해서 생긴다. 모든 행복은 유효기간이 있고 그 기간이 끝나면 반드시 권태가 이어진다. 그것이 아무리 큰 행복이라고 해도 말이다. 죽다 살아난 사람은 그 순간만큼은 감당하기 힘들 정도로 커다란 생존 본능적 행복을 느끼지만, 10년만 지나도 까마득해지고 만다.

사랑해서 결혼한 부부라고 해도 그것의 유효기간은 2년도 채 되지 않는다. 그 후 노력하지 않는 부부에겐 금세 권태라는 녀석이 찾아온다. 이 권태를 싫증이란 말로 바꾸어 표현하기도 한다. 실제로는 싫증이란 말을 더 많이 쓴다. 때론 사는 것 자체에까지도 싫증을 낸다. 그래서 어느 정도 살고 나면 삶에 대한 권태 혹은 싫증을 느낀다.

권태는 사실 행복의 다른 한 면이다. 그것은 마치 빛과 어둠의 관계처럼, 빛이 있으면 반드시 어둠이 생기는 원리와 같다. 이렇듯 행복과 권태는 뗄 수 없는 관계이며 동전의 앞뒤처럼 딱 붙어 있다. 우리는 모든 행복에서 권태를 경험하게 된다. 이 권태는 노력에 따라 극복이 가능한데, 문제는 그 노력이 쉽지 않다는 점이다.

우리는 행복을 얻기 전까지는 숨이 막힐 정도로 강한 욕망을 느낀다. 이 욕망이 실현되는 순간 짧고 강한 행복의 순간을 맛볼 수 있다. 이때 느낀 감정은 시간이 지남에 따라 식어가면서 결국 권태로움으로 이어진다. 이것이 행복의 전형적인 공식이다. 그래서 우리는 계속해서 욕망의 종류를 바꾸고 그것을 구성하는 요소들을 바꾼다. 이것은 우리가 매일 입는 옷과 같다. 옷이라는 것은 반드시 입어야 하지만 대부분의 사람들은 매일 같은 옷을 입길 원하지 않는다.

같은 옷은 지겨움 혹은 권태를 말한다. 하지만 옷의 종류와 숫자에는 한계가 있다. 욕망의 대상이나 그 안의 다른 것들 역시 한계가 있다. 그것들을 다 경험한 순간 새로운 옷을 사거나 또 다른 욕망을 찾아야 한다. 물론 옷을 사는 것은 쉽지만 욕망을 찾는 것은 생각보다 어렵다.

나이 먹은 이들은 젊음이 좋다는 말을 자주 한다. 그냥 하는 소리가 아니라 정말로 젊은 육체와, 앞으로 살아갈 수많은 날과, 더 많은 기회를 부러워하는 것이다. 젊음이 좋다는 것은 단지 육체적인 것이나 무엇을 할 수 있는 것만을 의미하지는 않는다. 잘 인식하지는 못하지만 젊다는 것은 정말로 중요한 또 다른 가치가 있다.

인간은 끝없이 새로운 지식을 쌓는다. 그래서 나이를 먹으면 먹을수록 더 많은 지식에 노출된다. 우리가 오래 살면 살수록 경험과 정보에 대한 권태를 갖는다는 뜻이다. 우리는 젊은 시절보다 좋은 명작영화도 많이 보았고, 정말 신기한 경험도 더 했고, 처음 가볼 수 있는 장소도 줄었고, 여자나 남자에 대해 더 많이 알고 있다.

경험과 지식이 부족했던 젊은 시절엔 남녀가 손끝만 스쳐도 찌릿한 경험을 했고, 친구들끼리 놀러 갈 생각을 하면서 밤잠을 설치기도 했다. 여행을 가서도 친한 친구와 밤새 이야기를 나누기도 했고, 너무도 재미난 책이나 만화를 읽으면서 밤을 새기도 했다.

젊은 시절은 모든 것이 행복하다. 특히 중·고등학교 시절이 가장 행복해야 할 시기이다. 이때는 경험한 것은 적고 하고픈 것은 너무 많아 정말 작은 것 하나에도 크게 웃고 행복해한다. 하지만 나이를 먹어가면서 이 많은 짜릿한 일들은 대부분 경험을 하기 때문에 우리는 더 이상 우리를 짜릿하게 해줄 수 있는 것들을 찾기가 힘들다.

살아오는 동안 자전거도 배웠고, 해외여행도 가봤고, 비싼 레스토랑에서 식사도 해봤고, 호텔에서 잠도 자봤고, 멋진 해변도 보았으며, 사랑도 해봤고, 섹스도 했으며, 결혼도 했고, 자녀도 키워봤으며, 취직과 승진도 경험해봤다. 나이를 먹을수록 해본 일은 많지만 못 해본 것은 오직 죽음뿐이다.

그러니 나이가 들수록 권태를 느낄 수밖에 없다. 어떤 이들은 나이를 먹었음에도 그나마 남은 유일한 짜릿함을 경험할 수 있는, 즉 불륜 같은 일을 저지르면서 인생을 건 도박을 하기도 한다. 나이 든 이들이 젊은이들에게 가장 부러운 것은 바로 경험하지 않는 세상일지도 모른다.

앞에서 말했듯 권태로움과 우울증은 심하면 삶을 스스로 마감하는 아주 무서운 병이 되기도 한다. 이것은 인간이란 생명체의 가장 중요한 목적, 즉 생존에 대한 욕망을 뛰어넘는 결정을 하게 만든다. 이 결정은 생명체로서 최악의 선택이다. 어떤 삶을 살더라도 늙어서 죽는 삶을 생각하면, 스스로 목숨을 끊는 행위는 이해가 안 되는 것이다. 이는 단지 늙었다고 해서 오는 병이 아니다.

이것은 정신이 감당할 수준을 넘어서는 스트레스에 장시간 노출되면 누구나 걸릴 수 있는 병이다. 소위 말하는 정신력이 강하다는 이들은 좀 덜 하겠지만, 이들은 둔하기 때문에 강해 보이는 것이다. 신체적 · 정신적 센서가 민감하게 작동하는 이들이 좀더 쉽게 권태나 우울 상태에 빠지기 쉽다.

왜 우리는 생존과 관련도 없는 이상한 병을 가지게 되었을까?

우리는 왜 이런 심각한 마음의 병을 갖게 되었을까? 암은 위험하지만 이해는 가는 병인 반면, 자살을 부르고 생존 본능과는 반대편에서 있는 우울증과 권태는 왜 생겨났을까? 냉정히 말해서 우리가 이런 생존과 반대되는 개념의 병을 갖게 된 가장 큰 원인은, 우리 인류가 오랜 시간 동안 만들어온 문명의 어두운 이면이기도 하다.

우리는 문명이라는 튼튼한 울타리를 만들어 인간 종족을 위험으로부터 보호했고, 더 나아가 우리를 위험에 빠뜨리게 하는 모든 생명체를 굴복시켜버렸다. 지구상 그 어떤 생명체도 인간에게 대항할 수 없다. 물론 아프리카 등 오지에서는 최근까지도 동물이 인간을 해치는 일이 생기긴 하지만, 이는 극소수의 일이다. 지구의 생태계는 오직 인간을 위해서만 존재한다고 해도 과언이 아닐 만큼 인간에게 종속되어 있다.

우리는 기술을 발전시켜 건물을 짓고, 도로를 뚫는 등의 작업을 통해 어디든 안전하게 이동한다. 잠을 자거나 쉴 때도 안전하게 지낼 수 있는 환경에서 살아갈 수 있다. 우리는 안전을 보장받은 대신 생명 보전을 위한 자극을 없앰으로써 권태라는 치명적인 병을 만들어 내게 된 것이다.

우리는 '위험'이란 단어를 극도로 회피한다. 하지만 적당한 위험은 삶을 활력 있게 만드는 매우 중요한 요소이다. 우리는 위험 앞에 섰을 때 가장 활발히 움직인다. 거기엔 오직 생존이라는 유일한 목표만이 존재하기 때문이다.

실제 일어난 사건 중 하나이다. 1995년 미국의 옐로스톤 공원에 회색 늑대를 복원해서 풀어놓았더니 공원 생태계에 놀라운 변화가 일어났다. 멸종되었다가 복원된 회색 늑대는 그 공원 지역에서 최상위 포식자가 되었다. 그곳에서 살던 초식동물들이 고통 속에 살아갈 거라 생각했지만, 사실 그 결과는 전혀 다르게 나타났다.

없던 포식자가 생김으로써 사슴들은 생존을 위해 더 빠르게 움직였고, 그 덕분에 털에 윤기가 흐르고 건강해졌다. 그 공원의 풀은 사슴 수가 조절됨으로써 더 크고 풍성하게 자랄 기회를 얻었다. 그리고 늑대가 잡아먹고 남은 사슴의 시체는 작은 동물들의 먹이가 됨으로써 결국 그 생태계 전체가 아주 좋아진 것이다. 회색 늑대는 그 지역 초식동물들에겐 거대한 위험이었지만, 결과적으로 공원 전체의 생태계를 활기차게 부활시켜준 셈이 된 것이다.

20년 전 일어난 이 사건을 바라보면 우리가 가진 권태로움이나 우울증이 과연 어디에서 오는지를 짐작할 수 있다. 인간에게도 회색 늑대와 같은 존재가 생겨서 지속적으로 위협을 받는다면, 언제 우울증과 권태를 느꼈는지도 모르게 훨씬 활기차게 살아갈지도 모른다. 새롭게 생긴 위험은 우리에게 큰 공포를 일으키겠지만 말이다.

우울과 권태를 벗어날 수 있는 방법이 있을까?

그렇다면 어떻게 해야 할까? 삶이 우울하고, 권태롭고, 나이는 먹어가고, 해놓은 일은 없고, 행복해지기보다는 불행해지는 것 같으면 어떻게 해야 하는가 말이다. 문제는 많이 늘어놓았지만 사실 뾰족한 답이 없다. 답이 없다는 것이 답이다. 그나마 이것만 알아도 답을 찾기 위해서 이곳저곳 들쑤시고 다니거나, 쓸데없는 일에 시간과 돈 낭비는 안 하게 되니 조금은 낫겠다. 답도 없는 답을 찾아 오답을 정답인 줄 알고 살다가 결국 오답인 것을 알면 더 나빠진다. 그러니 답이 없다는 것을 아는 것도 중요하다.

그래서 우리는 포기해야 한다. 포기는 좋은 의미로 내려놓는다는 뜻도 포함한다. 포기는 자신의 의지를 중도에 꺾는 일이기 때문에 기분이 상한다. 그래서 스스로 이 정도밖에 안 되는지, 다른 방법은 없는지, 좀더 노력하면 확실한 방법을 찾을 수 있지 않을까라고 생각하면서 자꾸 어떤 기대를 하게 된다.

이 작은 기대는 반복적으로 실망을 가져온다. 그러다 정말로 무서운 녀석이 찾아온다. 그것이 바로 조울증이다. 우울증은 그나마 견딜 만하지만, 조울증은 자살로 가는 특급열차이다. 조울증 환자의 자살률은 우울증 환자보다 훨씬 높다. 감정 기복이 심해서 좋았다가 우울했다가를 반복하다가 결국 심하게 우울해졌을 때 자신도 모르게 충동적으로 자살을 하는 것이다. 차라리 계속 나쁘다면 견디는데, 좋고 나쁨이 교차될 때 느껴지는 상태의 차이는 인간이 감당할 수준이 아니다.

그러니 포기를 하려면 깨끗이 해야 한다. 미련 갖지 말자. 왜 자신의 삶이 늘 괜찮아야 한다고 믿고 사는 것인가?

우리는 왜 이렇게 자신이 누리고 가진 것들을 당연하게 여길까?

우리는 그런 권리가 없다. 우리는 행복할 수도 있고, 불행할 수도 있는 존재이다. 그래도 한참을 행복하게 살아왔다면, 닥친 불행이 그것의 반대 효과라고 인정하자. 산이 높으면 골짜기가 깊다. 물론 쉽지 않다. 그래도 해야 한다. 그래야만 이 깊은 동굴을 빠져나갈 수 있기 때문이다.

동굴이 어두운 것은 어쩔 수 없다. 왜 동굴이 어두우냐고 따지는 것은 어리석은 행동이다. 어두우면 횃불을 켜든지, 그럴 능력이 안 되면 손을 써서 방향을 잡아야 한다. 평생 햇빛 속에서 사물을 봤다고 해서 동굴에서도 쓸 수 있다고 우기면 안 된다.

햇빛은 공짜로 써온 에너지였다. 그것은 우리에게 거대한 축복이었지만 너무도 당연히 주어졌기에 고마움조차도 모르고 살았다. 우리가 포기하고 받아들이면 그때 알 수 있는 것들이 그런 것들이다.

우리는 그동안 많은 것들에 대해 고마움을 모르고 살았다. 너무 오랫동안 자신이 누리는 것을 당연히 여기고 살았다. 운 좋게 이것들을 포기하고 받아들였을 때 우리는 새롭게 세상을 볼 수 있게 된다.

우리는 늘 행복하길 바라지만 어쩌면 불행하지 않은 것만으로 충분할 수도 있다. 남들이 행복하게 산다고 해서 자신도 행복하게 살아야 할 이유는 없다. 우리는 돈이 많아야 하고, 자식 역시 잘 자라서 행복해야 한다는 믿음을 의심하지 않는다. 하지만 우리는 불행하지 않은 것만으로도 충분히 만족하면서 살 수 있다. 이 한 몸 누울 곳 있고 별 걱정 없이 살 수 있다면 그것만으로도 충분히 살아갈 이유가 된다.

권태는 행복의 부재를 의미한다. 대다수의 사람들이 느끼는 우울함은 사실 권태일 뿐이다. 그렇다면 진정한 의미의 우울함은 무엇일까? 자신이 느끼는 권태로움도 이렇게 힘든데, 진정한 의미의 우울함이라면 어떤 힘듦인가? 진정한 우울함을 보고 싶다면, 늙어서 혼자 살아가는 독거노인을 보면 된다. 그것이 인간이 가장 견디기 힘든 우울함이다.

이것을 피하기 위해 우리는 행복의 본질에 대해 고민하고 점검해야 한다. 우리는 1년이나 2년에 한 번 건강검진을 받는다. 딱히 몸에 문제가 있어서가 아니라, 우리가 모르는 사이에 어떤 병이 걸릴 가능성이 있을까봐 받는다. 정기적으로 꾸준히 받다 보면 어떤 심각한 병에 걸려도 초기에 발견되어 간단히 처리할 수도 있다.

그러나 자신의 행복에 대해서는 너무 오랫동안 검사를 받지 않았다. 매일 그리고 매년이 어떻게든 흘러가고, 당장 어느 정도는 행복했으며, 조금만 노력하면 행복하기도 했다. 건강검진을 통해 육체의 병은 막을 수 있었지만 마음의 병이 커지고 있음은 모르고 있었다. 그래서 결국 어느 날 권태와 우울증이 찾아오게 되었다.

어느 날 권태와 우울함이 찾아왔다면, 행복에 대한 점검을 해야 한다. 운이 좋다면 이것은 또 다른 기회가 될 수 있을 것이다.

행복하기 위해 사는 것과
불행하지 않기 위해 사는 것

나 : 그녀에게 청혼할까 고민 중이야.

빙고 : 사랑한다면 결혼하면 되지, 왜 청혼을 고민해?

나 : 그냥 혼자 살고 싶기도 한데, 그러면 늙어서 혼자 살까봐 걱정도 되고.

빙고 : 독거노인이 될까봐 결혼하고 싶다는 거야?

나 : 꼭 그런 건 아니지만, 그냥 마음이 그래.

빙고 : 그럼 독거노인들은 결혼도 안 하고 애도 안 낳았겠네.

행복을 찾아 떠난다는 것

탁월한 능력을 가지고 다년간 암 치료 분야에서 선구적 연구를 해왔던 여자 의사가 어느 날 자신의 삶을 송두리째 바꿔버린다. 그녀는 직장을 그만둠으로써 의사라는 성공한 사람의 삶이 아닌 평범한 주부로 요리를 배우기 시작한 것이다. 그러던 중 그녀는 어떤 원인 모를 병에 걸려 병원에 입원하게 된다.

그러자 그 병원에 근무하던 암 치료 전문의가 워낙 그 분야에서 유명했던 그녀를 알아보고는 이렇게 말한다. "그렇게 뛰어난 능력을 가진 당신이 죽어가는 사람들을 책임져야 할 의무를 버리고 그렇게 떠나야 했냐"고. 그러자 전직 여자 의사는 대답한다. "그 일은 해야 하지만 행복하진 않았다고, 나는 행복하고 싶다"고. 그리고 상대에게도 "틀에 갇혀 있지 말라"고 조언한다.

〈하우스〉라는 미드에 나온 이야기 중 하나이다.

우리는 가끔 사회적으로 좋은 조건을 가진 사람들이, 어느 날 문득 자리를 박차고 나와 자신을 행복하게 하는 일을 찾아가는 경우를 본다. 그들이 선택한 삶을 부러워하면서 '어쩌면 우리도 그런 선택을 해야 하지 않을까?'라고 생각하곤 한다. 다른 표현으로 말하면, 그렇게 해서 행복해 보이는 사람이 부럽게 느껴진다.

이런 이야기에서 재미있는 현상 하나가 있다. 그것은 변화를 선택한 사람들 대부분은 사회적 성공의 증표로 충분히 인정받는 자리에 있었다는 점이다. 그것은 왕자나 공주의 자리일 수 있고, 재벌 2세일 수 있다. 뛰어난 두뇌를 가지고 돈을 많이 벌 수 있는 성공이 보장된 사람일 수 있으며, 연봉을 수십 억 받을 수 있는 운동선수일 수 있다.

이런 드라마틱한 삶은 원래 변화 후의 모습과 강하게 대비가 될 때만 비로소 사람들의 관심을 받기 때문에, 이런 사람들에 대한 이야기만이 다른 이들에게 회자될지도 모르겠다. 그 어떤 변화든 간에, 변화 후의 삶을 변화 당사자가 감당할 수 있을 때 변화할 수 있다는 점을 기억해야 한다.

노숙자는 자신의 삶을 변화시킬 수 없다. 슬픈 일이지만 하루 벌어 하루 먹고사는 사람은 그 의사처럼 행복을 찾아 떠날 수 없다. 하루 놀면 밥을 굶는데 무슨 행복놀음이란 말인가? 그들은 그저 하루 먹고 사는 것만 해도 다행인 것이다. 반면에 이미 성공을 거둔 사람이 모든 재산을 사회에 기부하고 자신은 노숙자만큼이나 검소한 삶을 사는 경우도 있다. 그러면서 그들은 행복해한다.

행복하지 않다고 느끼는 이들은, 오늘도 그들처럼 다른 곳으로 떠나고 싶어 한다. 그 새로운 곳에서는 자신을 옭아매고 있는 의무와 책임, 그리고 불행함과 우울함에서 벗어나 좀더 활기차고 열정적이고 행복하게 살길 원한다. 그런 이들의 바람을 힌트로 얻은 문화 창작자들은 이런 종류의 이야기를 영화로, 드라마로, 소설로, 만화로 만들어서 판다. 그러면 많은 이들은 그런 창작물을 보며 그 안에 나오는 주인공을 간접 경험으로 공감하면서 자신도 언젠가는 그런 삶을 살 수 있을지 모른다는 꿈을 꾼다.

아름다운 공주가 나오는 애니메이션을 보면서 몽환적 꿈과 걱정 없는 삶을 상상하고, 정의로운 영웅이 악당을 처치하는 것을 보면서 정의롭고 존경받는 영웅이 되길 꿈꾼다. 자신의 꿈을 향해 모든 것을 불사르는 주인공을 보면서 자신도 꿈을 좇아 떠나고 싶어 하고, 돈이나 권력 따위가 아닌 우정과 사랑이라는 가치에 모든 것을 쏟아붓는 주인공의 모습에서 자신도 그럴 수 있는 인연을 만나고 싶어 한다.

하지만 현실 속 우리는 결코 떠날 수 없다. 대다수의 사람들은 하루 벌어 하루 먹고살기 때문이다. 월급쟁이들은 노숙자들에 비해 길게 1, 2년 정도 연장되어 있을 뿐이다. 이런 말을 들으면 불쾌할 수 있지만 변하는 것도, 떠나는 것도 모두 타고난 능력자들의 몫이다. 그들은 지금 있는 자리에서도 충분히 여유롭기에 떠날 수 있다.

보통 사람들은 떠나기가 힘들고, 어느 정도 자리를 잡은 사람들만이 떠날 수 있다는 것은 단순히 돈의 차이 때문일까? 이것의 차이를 이해할 수 있다면, 우리는 인간의 삶을 관통하는 두 가지 중요한 흐름을 인지할 수 있게 되고, 자신이 가진 최대 단점이 무엇인지를 알 수 있게 된다.

행복하기 위해? vs. 불행하지 않기 위해?

우리는 행복하기 위해 산다고 믿는다. 그래서 늘 행복한 것을 선택하려고 노력한다. 하지만 우리들 대부분은 불행하지 않기 위해서 산다. 그러기에 우린 남들이 가는 대학교에 가고, 남들이 취직하는 직장에 들어가고, 남들이 하는 결혼을 하고, 남들이 낳는 아이를 낳는다.

이것들을 선택할 땐 마치 자신이 행복한 것을 하고 있다고 믿지만 실제로 그런 사람들은 소수에 불과하다. 대부분은 그런 과정을 제때 하지 못하면 불행해질까봐 한다. 행복한 것과 불행하지 않은 것은 다르다. 물론 행복하지 않은 것과 불행한 것 역시 다르다.

그럼에도 불행하지 않기 위해 사는 사람들 중에서 자신이 행복하다고 느끼는 사람들도 꽤나 있다. 혼자 살기가 두려워 결혼했는데, 그 결혼 생활이 힘들지 않다면 그럴 수 있다. 거기에 아이까지 낳아서 키우면 본격적으로 그것이 행복이라고 믿게 된다. 물론 이것이 가짜 행복은 아니다. 시작이 불행하지 않기 위해 한 선택이라는 점이 다를 뿐이다.

대학까지 마치고 취직해서 돈을 벌며 살아가는 이들의 삶도 마찬가지다. 불행하지 않기 위해 좋은 대학을 졸업하고, 좋은 직장에 들어갔다. 그런데 그 일을 하면서 행복하기는 힘들다. 처음부터 불행하지 않기 위한 선택을 했기 때문이다.

이들은 모두 공통적으로 그 자리를 벗어나지 못한다. 그들이 자리 잡은 자리가 그들에게는 불행하지 않기 위한 최적의 자리가 되기 때문이다. 그런데 운이 나쁘게도 결혼 후 가정 문제가 심각하거나, 직장을 잡은 후 과도한 스트레스에 노출될 경우 도대체 이것을 어떻게 해결해야 할까?

행복을 위해 살아가는 사람은 행복하지 않으면 그곳을 떠난다. 불행하지 않기 위해 사는 사람은 불행하면 그곳을 떠난다. 행복하기 위해 살아온 사람은 자신이 행복하기 위해 선택했기 때문에, 어디에 있든 현재 상태가 가장 행복한 자리가 된다. 이런 사람들의 특징은 행복하기 위해 살기 때문에 웬만한 불행이 찾아와도 그것을 이겨낸다.

정말로 하고 싶은 일이 있다면 어떤 힘든 역경을 이겨내고라도 하고자 했던 경험이 있을 것이다. 이것이 행복하기 위해서 하는 일이다. 사람은 행복하려고 할 때 가장 강한 의지를 드러낸다.

불행하지 않기 위해 사는 사람은 언제 불행이 닥쳐올지 모르기에 불안해한다. 실제로 불행이 찾아오면 그 불행을 경험하지 않기 위해서 그 자리를 떠나버린다. 행복한 사람은 예상치 못한 위기를 극복하려고 애쓰지만, 불행하지 않고자 하는 사람은 그냥 그 자리에서 도망친다. 불행한 자리만 피하면 되니까 말이다.

이런 예는 흔하게 찾아볼 수 있다. 활기차고 건강하게 살기 위해서 등산을 즐겨 하는 사람들에게 비가 올 것 같은 날씨는, 그냥 우비나 우산을 하나 더 챙겨가야 할 문제에 불과하다. 반면 몸이 아플 걸 대비해 등산을 하는 사람들에게 비가 오는 날씨는, 비를 맞으면 감기에 걸릴 가능성이 높아지기에 그냥 집 안에 있어야 할 문제가 된다.

이런 모습은 동일한 문제를 맞닥뜨렸을 때 나타날 수 있는, 행복하기 위해 사는 사람의 마음가짐과 불행하지 않기 위해 사는 사람의 마음가짐의 차이를 보여준다. 이를 좀더 정확히 정의하자면, 행복하기 위해 사는 사람들은 하고 싶은 일을 하면서 사는 사람들이고, 불행하지 않기 위해 사는 사람들은 해야 할 일을 하면서 사는 사람들이라고 할 수 있다.

이런 책임감을 통해 행복을 얻을 가능성도 있다. 인간은 기본적으로 하고 싶은 일은 어떻게든 하려고 하는 반면, 해야 할 일들의 경우엔 가능하면 하지 않으려고 애쓴다. 그리고 무엇보다도 우리는 하고픈 일을 할 때 행복하다.

행복하기 위해 사는 사람만이 떠날 수 있다

이것이 바로 떠날 수 있는 사람과 그렇지 못한 사람의 차이점을 설명해주는 대목이다. 우리는 행복하려고 할 때 어딘가로 떠날 수 있다. 반대로 불행하지 않기 위해서 떠나는 것은 몹시 힘들다. 아니, 할 수는 있지만 그것이 성공할 가능성은 그리 높지 않다.

행복하기 위해서 떠나는 사람은 행복이란 조건이 있기 때문에 오래 생각하지 않아도 쉽게 느낄 수 있다. 행복을 경험한 우리들은 행복한 상태를 안다. 원래 행복은 남들과의 비교에서 느끼는 것이 아니다. 자신이 홀로 느껴야 한다. 불행하지 않기 위해 사는 사람들은 불행의 정도를 가늠하기가 힘들다.

우리는 사실 불행하지 않기 위해 살고 있는지도 모른다.

불행함은 행복처럼 홀로 느낄 수가 없다. 불행함이란 것 자체가 다른 사람들과의 비교로 인해 일어나기 때문이다. 다같이 불행하면 불행하다고 생각하지 않는다. 지금 생각하면 도대체 어떻게 살았나 싶은 과거에도 사람들은 살아왔다. 모두가 그렇게 사니까 그것이 큰 문제가 아니었던 것이다.

행복은 홀로 느낄 수 있기 때문에 혼자서 판단하고 움직일 수 있다. 불행하지 않는 삶을 선택한 사람은 자신에게는 변화가 없어도, 주변인들이 더 행복해지면 갑자기 불행한 사람이 되고 만다. 그래서 이들은 늘 발밑이 불안하다.

딛고 있는 바닥이 모래처럼 불안한 상태라면, 아무리 높게 뛰고 싶어도 바닥이 그것을 받쳐주지 못해 결국 헛힘만 빼고 만다. 그리고 어디로 뛸지 목표를 정하기도 힘들다. 행복한 것은 하나지만 불행하지 않는 것은 너무도 많다. 그래서 목표를 잘못 정하면 엉뚱한 곳으로 뛰고 만다.

이 표현은 우리가 어딘가로 떠나고자 할 때라면, 일단 딛고 있는 바닥이 견고해서 자신이 뛸 수 있어야 할 위치에 있어야 하며, 그것이 행복하기 위해서라는 명확한 목표를 가져야 한다는 것을 설명해준다.

행복하기 위한 선택을 하는 사람은 운동, 여행, 결혼, 출산 등 자신이 원하는 몇 가지의 목표를 정하고 살아갈 수 있게 된다. 그들이 그 목표를 위해 살아가는 과정에서 만나는 수많은 난관은 모두 극복할 수 있다. 단지 그들이 이것을 포기할 때는 한순간뿐이다. 바로 자신이 행복하지 않다고 느낄 때이다. 그들은 그때 행복을 찾아 떠나고, 그렇기에 다른 사람들보다 훨씬 더 쉽게 떠날 수 있는 것이다.

불행함을 피하기 위한 목표는 하나만 될 수가 없다. 예컨대 연인과 헤어져 힘들 때 그 고통을 피할 수 있는 방법은 너무도 많다. 술을 마시거나, 친구를 만나 하소연을 하거나, 여행을 떠나거나, 다른 연인을 사귀거나, 운동을 시작하거나 등등 이루 헤아릴 수 없다.

결국 이런 본질적 차이로 인해 사회적으로 어느 정도 성공한 사람만이 이미 행복하기 때문에 자신의 삶을 변화시킬 기회를 가진 것처럼 보이게 되는 것이다. 그들이라고 해서 특별히 행복하려고 산 사람들은 아니다. 그들은 불행하지 않으려고 선택한 길에서 남들보다 우월한 능력으로 성공했기 때문에 상대적으로 행복해졌을 뿐이다.

어떤 의도였든 간에 다른 평범한 사람들보다 행복하다는 것만은 사실이다.

과연 나도 떠나면 행복해질까?

우린 왜 행복을 찾아 어딘가로 꼭 떠나려고 할까? 도대체 무엇 때문에 그런 생각을 하기 시작했을까? 그리고 정말로 행복을 찾아 떠나고 싶어 하는 것일까? 아니면 불행함을 피하고 싶어서 떠나고 싶어 하는 것일까? 이것은 정말로 자신을 제대로 살펴봐야 할 문제이다. 불행하지 않기 위해 떠나는 사람이 행복하기 위해서 떠난다고 믿는 순간, 그 삶은 구렁텅이에 빠지게 되기 때문이다.

이에 대한 답을 찾기 위해서는 파랑새에 대한 오래된 이야기를 기억해야 한다. 대부분의 사람들에게 있어서 행복은 파랑새에 불과하기 때문이다. 아무리 멀리 찾아 헤매도 결국 파랑새는 집 안에 있기 마련이다. 그럼에도 우리는 끝없이 먼 곳에 있을지도 모를 파랑새를 찾으려 애쓴다. 그리고 가끔 그 파랑새를 찾으러 떠난다는 유명한 사람들의 이야기를 들으면서 자신도 떠나야 행복할 수 있다고 믿게 된다.

이 이야기를 통해 우리는 행복에 대한 아주 중요한 힌트를 하나 얻을 수 있다. 그것은 우리가 가진 행복이 어느 정도인지를 제대로 판단해내지 못하고 있다는 것이다. 그래서 대부분의 사람들은 허겁지겁 떠났다가 큰 낭패를 보게 된다. 이런 경우 정말로 운이 좋은 소수만 아무 생각 없이 갔다가 자신과 아주 잘 맞는 곳을 만나 새로운 삶을 살 수 있게 된다. 사실 이런 경우는 운이 없는 것이 정상이어야 한다. 당장 힘들어서 도망치듯 어딘가로 옮겼는데, 그 자리가 자신과 딱 맞을 확률이 도대체 얼마나 되겠는가? 그런 운 좋은 사람은 극소수에 불과하다.

그런데도 불구하고 현실에 불만과 스트레스가 가득 쌓인 우리는 많은 사람들의 떠남을 접하면서 그들처럼 떠나길 원한다. 하지만 그 이유는 막연할 뿐이다. 도대체 무엇을 위해 떠나는지, 어디로 가고 있는지는 알 길이 없다. 이것은 실제로 그 자체도 단지 하나의 욕망일 뿐이다.

우리는 한 끼 밥을 제대로 먹는 것을 행복하게 여길 수 있다. 우리의 욕망은 한 끼 밥을 먹을 때, 매우 맛있는 것을 먹어야 행복한 것이라고 생각하고 실제로도 그렇다. 우리는 편하지 않은 집에서 살더라도 한겨울에 따뜻하기만 해도 행복해할 수 있다. 우리는 오리나 거위털을 뽑아 만들었다는 아주 멋진 옷이나 비싼 옷이 아닌, 그냥 평범한 솜으로 만든 옷이라고 해도 따뜻하기만 하다면 그것으로 충분히 행복할 수 있다.

이것은 필수적인 문제가 아니다. 단지 머릿속에서 만든 조건의 문제일 뿐이다. 도대체 어디까지를 자신이 가져야 할 조건인지 가늠하면서 생겨난, 어떤 의미에서 불필요한 욕망이다.

원래 우리는 자신이 그 정도는 누려야 한다고 믿는 많은 기준점을 만들어두고 산다. '나라면 이 정도는 해야 하지 않을까?', '나라면 이 정도는 먹어야 하지 않을까?', '나라면 이 정도 집에서 살아야 하지 않을까?', '나라면 그 정도 배우자를 만나야 하지 않을까?', '내가 무엇이 부족해서 그런 환경에서 지내야 하지?', '내가 무엇이 부족해서 그런 대접을 받아야 하지?'라고 생각한다. 또한 계속 서로를 자극해서 "네가 뭐가 아쉬워서 그러고 사냐?"고 충고해준다.

그들이 현재 충분히 만족하고 살 수 있음에도 불구하고 더 나은 것을 바라보게끔 한다. 자신이 그것으로 불행해지면, 행복을 위해 노력하는 것이 아니라 다른 이들도 자신처럼 되길 바란다. 그래서 욕망을 불어넣고는 상대를 위하는 척한다. 당신들은 더 나은 대접을 받아야 하고, 더 비싼 물건을 써야 하고, 더 좋은 집에서 살아야 한다고 조언해준다. 이는 절대로 조언이 아니다. 그들에게 욕망을 갖도록 자극해 자신만큼 불행해지길 바라는 마음에서 나오는 것이다.

우리가 남들에게 하는 대부분의 조언은 그런 목적이다. 이런 식으로 서로가 자극된 사람들은 왜 그런 욕망을 가졌는지에 대한 생각보다는 당장 머릿속에서 느껴지는 욕망으로 인해 자신만의 파랑새는 현재 위치가 아닌 비싸고 넓은 집에 있고, 비싼 옷과 가방에 있고, 많은 돈에 있고, 희귀한 음식에 있다고 믿게 된다.

이런 보편화된 가치들에서 벗어난다고 해도 거기엔 또 다른 욕망이 즐비하다. 많은 돈이 들어가는 해외여행이 기다리고, 비싼 자전거가 기다리고, 수십만 원 하는 등산복과 등산화가 기다리고 있다. 다른 선택을 했음에도 불구하고 우리가 느낀 욕망에서 한 치도 벗어나지 못하고 있는 것이다.

우리가 마지막으로 하는 말은 이것이다. “자신만 행복하면 된다.” 하지만 선택을 할 때 정말로 행복하기 위해서 했는지, 불행하지 않기 위해서 했는지는 판단하기 힘들다. 본인 역시 행복하기 위해서 했다고 믿고 있을지는 몰라도, 어쩌면 불행하지 않기 위해서 했을 수 있다는 점을 부정하기도 힘들다.

행복한 삶을 위해 시골에 내려와 전원생활을 꿈꾸는 이들 역시 그것이 자신이 원하는 삶인지, 아니면 주변의 누군가에게 자극된 욕망인지를 구분하기가 힘들다. 우연히 어딘가를 지나다 예쁘게 지어진 집 한 채를 보고는, ‘그냥 나도 저런 곳에서 살고 싶다’는 막연한 희망에서 발생한 것인지도 모른다.

현재 행복하지 않다면 다른 것을 찾아야 한다. 이보다 먼저 생각해야 할 것은 지금이 행복하지 않은 것일까, 아니면 불행한 것일까를 판단하는 일이다. 앞에서 말했듯 행복하지 않은 것과 불행한 것은 같은 말처럼 들리지만 완전히 성격이 다르기 때문이다.

행복하지 않은 사람은 행복을 찾아 떠날 수 있지만, 불행한 사람은 그 불행을 피해 떠난다. 앞의 사람은 행복을 찾을 수 있지만, 뒤의 사람은 불행을 피하기만 할 수 있다. 하지만 떠나서 도착한 곳에서 자신도 예측 불가능한 새로운 불행에 노출될 수도 있다.

이것에 대해 스스로 답을 얻은 후 파랑새가 집 안에 있는지, 아니면 멀리 유럽에 있는지, 시골에 있는 전원주택 속에 있는지를 생각해야 한다. 서울 도심에 살면서 작은 공원에 있는 가을 단풍을 한 번도 제대로 바라본 적이 없는 이가, 내장산에 가서 단풍을 본다고 해서 무엇을 느낄 수 있을까? 단풍의 아름다움을 느낄 수 있는 사람은 단 하나의 나무만으로도 충분히 행복해할 수 있다. 간이 잘 맞게 끓인 콩나물국과 잘 익은 김치만으로 먹는 밥이 비싼 재료가 들어간 해물탕이나 특A+급 안심 스테이크보다도 맛있을 수 있다. 우리의 행복은 바로 이것으로부터 출발한다는 점을 깨달아야 한다.

이 모든 것을 다 고려했을 때 행복하지 않았다면 떠남을 계획해야 한다. 이것은 정말로 조심스럽게 결정해야 할 문제이다. 삶은 단 한 번 주어질 뿐이기 때문에 우리에게 이럴 수 있는 기회는 자주 오지 않는다. 떠난 후에는 원래 있던 자리에 대한 단 한 점의 미련도 갖지 말아야 한다. 불행해서 떠나는 이들의 가장 큰 단점이 바로 이것이다. 현재가 불행해서 어디론가 떠난 사람은 그곳에서 새로운 불행함을 맛보는 순간, 예전 불행이 더 낫다고 생각하게 된다. 이것은 현재의 불행을 더욱더 크게 만드는 효과를 가져온다.

행복을 찾아 떠난 사람은 힘든 순간이 와도 자신이 선택했고, 과거는 버렸기 때문에 현재의 고난과 힘듦은 모두 극복할 대상이 된다. 그래서 두 사람이 같은 곳에 도착해 같은 힘듦을 경험하더라도, 결국 그 고통을 대하는 두 사람 간의 태도는 극명하게 갈린다. 그래서 떠나기 전의 자리에 미련을 가질 사람이라면 아예 떠나지 말아야 한다.

행복을 찾아 떠나는 여정은 정말 좋은 일이다. 하지만 이 글에서 장황하게 썼듯 우리는 이것을 좀더 심각하게 생각해봐야 한다. 보통의 경우라면, 다른 곳을 바라보고 부러워할 시간에 자신이 가진 것에 더 집중하고 감사하면서 살아가는 태도가 훨씬 더 현명한 것이다.

소심함은 타인을
제멋대로 판단하는 데서 비롯된다

나 : 아무래도 저 사람, 거짓말하는 것 같아.

빙고 : 왜 그렇게 생각해?

나 : 나도 지난번에 저 상황에서 같은 거짓말을 했거든.

스스로를 소심하다고 여기는 사람들은 고민이 많다. 이들의 공통된 고민 중 하나는 다른 사람의 시선과 평가에 너무 많은 신경을 쓴다는 점이다. 다른 이들이 별 생각 없이 한 말과 행동을 크게 확대해석하거나, 우연히 접한 사건 등을 자신과 연관된다고 여기면서 필요 없는 신경을 쓰기도 한다.

그것은 남들에게 받은 부탁을 거절하지 못하거나, 남에게 부탁을 잘 하지 못할 때도 자주 나타난다. 이런 증상은 거절을 했을 때나 거절을 당했을 때, 자신의 평가나 이미지에 대한 과도한 걱정 때문에 나타나는 현상이다. 타인의 머릿속에 들어 있는 것을 알기도 불가능하지만, 설사 안다고 해도 어쩔 수 없는 생각에 집착하는 것이다.

우리는 소심하기를 원치 않는다. 소심한 것은 많은 상황에서 우리를 피곤하게 하기 때문이다. 소심한 사람들도 가끔은 큰 용기를 내서 부탁을 거절하거나, 평소에 하지 않던 부탁을 하기도 한다. 그렇다고 해서 그것이 끝은 아니다. 결국 마음이 불편해지기 때문이다. 그 순간엔 자신이 소심하지 않을지도 모른다고 착각하면서 만족할지도 모르지만, 계속 그것이 생각나서 결국 마음이 불편해지고 잠까지 설치기도 한다.

그런데 소심함은 무조건 단점일까?

소심한 것이 무조건 단점인 것만은 아니다. 그것이 과도하기 때문에 문제가 될 뿐, 어떤 면에서는 상대의 입장에 대한 배려심이 될 수 있기 때문이다. 상대가 나쁜 의도를 가지고 이용하는 것이 아니라면 무딘 것보다 소심한 것이 나을 수도 있다.

그럼에도 소심한 사람들은 자신의 모습을 고치고 싶어 한다. 이것은 거의 본능적인 것이다. 왜냐하면 소심한 성격은 이득보다 손해를 더 많이 보고, 대부분 상처를 주기보다는 받는 쪽이기 때문이다.

일반적인 믿음과 달리 사람들은 그다지 착하지 않기 때문에, 소심한 사람들은 자주 이용당하고 소소한 배신을 당한다. 하지만 그들은 상처를 입으면서도 그 소심함으로 인해 벗어나지도 못한다. 그래서 대부분의 사람들은 소심함을 좋아하지 않는다. 또 상대적으로 보면 인간적 매력도 떨어진다. 소심한 사람과 어울리다 보면 바보 같아 보여 답답하기도 하고, 실제로 덩달아 손해를 입기도 한다.

특히 부부인 경우, 남편이 소심하고 아내는 반대라면 남편은 아내로부터 평생 욕을 먹고 산다. 그리고 심하면 대놓고 무시를 당하기도 한다. 그 때문에 남편은 평생 스트레스를 받고, 아내 역시 자신의 성에 차지 않는 남편으로 인해 평생 속을 끓인다.

그래서 사람들은 소심한 사람을 좋아하지 않고, 그것을 고쳐야 한다고 비난 섞인 조언을 하곤 한다. 소심함의 당사자들 역시 그 문제점을 잘 알고 있다. 하지만 성격을 고치는 것은 쉽지 않다. 잠시 고쳐지는 듯해도 결국엔 잠자기 전에 그것이 생각나기 때문이다.

스스로 소심하다고 여기는 사람들은 그것을 고치려고 노력한다. 그들이 소심함을 고치기 위해 제일 먼저 시작하는 것은, 바로 상대의 부당한 부탁을 거절하거나 필요한 도움을 요청하는 것 등이다. 자신이 남을 대하는 태도를 바꿈으로써 그것을 고치려고 하는 것이다.

그러나 이런 노력은 대부분 실패하고 만다. 물론 어떤 사람들은 큰 문제가 없었다는 것을 깨닫고는 좀더 적극적으로 살아가기도 하지만 그럴 가능성은 그리 높지 않다. 대부분의 이런 시도는 실패한다. 그 이유는 다른 사람을 대하는 태도에서 고치려 하기 때문이다. 정확히 말하면, 소심함은 상대를 어떻게 대하느냐의 문제가 아니다. 소심함이 발생하는 진짜 이유는 소심한 사람들이 다른 사람을 판단하는 기준이나 방식으로부터 발생한다.

이해하기 쉽도록 예를 하나 들어보자. 어떤 사람이 저만치서 입가에 붉은 액체를 묻히고 뭔가 반짝이는 물건을 들고 있다고 가정하자. 어떤 사람은 그가 사람을 죽여 피를 마셨다고 생각하면서 그가 들고 있는 물체는 칼이라고 생각할 수 있다. 또 다른 사람은 햄버거를 먹다가 입가에 케첩을 묻혔으며 포크를 들고 있다고 생각할 수 있다. 이때 이 사람의 입에 묻은 것은 피가 될 수도 있고, 케첩이나 고추장이 될 수도 있다. 손에 든 것은 칼이 될 수도 있고, 포크가 될 수도 있다.

여기에서 중요한 것은, 그 사실을 정확히 알 수 없다고 했을 때 그것을 어떻게 인식하느냐는 오직 각 개인의 경험과 판단으로 이루어진다는 점이다. 빨간색 액체와 반짝이는 물체라고 판단하는 것은, 그 현상 자체가 아닌 그렇게 생각하는 사람 머릿속에서 일어나는 일이다. 다른 판단 역시도 마찬가지다.

그런데 이 생각은 왜 다르게 나타나는 것일까? 그 이유는 각자의 경험과 상상력에 의해서 예상되기 때문이다. 상상력 또한 경험으로 나타나게 되어 결국 모든 것은 개별적 경험으로 귀결된다. 그것이 직접이든 간접이든 간에 상관없이 말이다.

소심한 사람의 소심함은 자신의 경험에서 나온다. 상대의 생각을 예측하고 자신을 어떻게 평가할지 걱정하는 사람은, 그 자신이 다른 사람들을 늘 그런 식으로 판단하고 있기 때문에 그렇다. 그래서 자신이 상대를 대하는 태도를 바꾸고 싶어 하는 시도는 결국 실패하고 만다. 자신이 남을 평가하고 판단하는 습관을 바꾸지 못하는 한 사실상 바뀌는 것은 아무것도 없기 때문이다.

우리의 모든 인식은 경험에서 벗어날 수 없다

인간의 예상은 거의가 자신의 경험을 기반으로 한다. 상대의 생각을 예측하는 것 역시 자신의 경험에 비춰서 이루어진다. 어떤 사람이 거짓말하는 것을 알아채려면, 자신이 그런 거짓말을 해본 적이 있어야 한다는 뜻이다. 한 번도 거짓말을 해본 적이 없는 사람은 다른 사람들이 거짓말을 한다고 해도 그것을 알아채는 능력이 없다.

소심한 사람 역시 마찬가지 원리가 적용된다. 이들은 상대의 말과 행동을 자신이 그와 같은 행동을 할 때 숨겨진 심리로 이해하는 것이다. 예를 들어 옆에 있는 수건을 달라고 부탁했을 때, 그 사람이 수건을 던져주면 그것은 멀리 있어 던진 것이 아니라 짜증 나서 던진 것이라고 해석하는 것이다. 왜냐하면 자신이 수건을 던졌다면 당연히 짜증이 나서 그랬을 것이기 때문이다. 상대의 행동을 상대의 심리로 보는 것이 아니라 자신의 마음으로 보기 때문에 오해를 하게 된다. 그리고 결국 그것으로 인해 상처를 받게 되는 것이다.

소심함을 고치고 싶다면 가장 먼저 상대를 자기 마음대로 판단하는 버릇을 버려야 한다. 다른 사람의 눈치를 보고 싶지 않다면 먼저 다른 사람을 비난하는 짓을 하지 말아야 한다. 표현도 못하면서 속으로만 비난하게 되면 자신이 다른 사람으로부터 그런 식으로 비난받을까 걱정이 되어서 끝없이 타인의 눈치를 보는 소심한 성격이 되는 것이다.

같은 증상이긴 하지만, 남의 부탁을 잘 들어주는 사람은 남에게 부탁도 잘한다. 그래서 부탁을 잘 거절하지 못하더라도 큰 문제가 없다. 문제는 남의 부탁을 거절하지도 못하고 남에게 부탁도 못하는 사람들이다. 거기엔 타인에 대해 끝없이 평가를 하는 소심한 사람들의 잘못된 버릇이 숨겨져 있다.

남을 자기 마음대로 평가하고 판단하는 버릇이 소심함의 근원이 된다. 다른 사람들이 자신을 좋지 않게 평가할까봐 걱정되어 하지 말아야 할 일을 하고, 해야 할 부탁마저 하지 못하는 것이다.

손님의 요구가 너무 짜증이 나서 욕을 해댄 종업원이 다른 음식점에 손님으로 갔을 때, 손님으로서 당연히 해야 할 요구를 하지 못하고 종업원의 눈치를 보게 되는 것이다. 물론 이것이 상대를 배려하는 수준이면 문제가 없다. 그러나 잘못된 대접을 받았음에도 그 종업원이 혹시 욕을 하거나 음식에 침을 뱉지나 않을까를 상상하게 되면 부탁을 하지 못하게 되는 것이다.

물론 자신이 당한 것이 있으니 다른 사람에게 더 심하게 하는 사람보다는 낫다. 그런 사람들은 보통 진상이 되기 십상이다. 그럼에도 손해를 보는 것은 결국 진상이 아닌 소심한 사람 쪽이다. 그리고 우리는 누구나 손해를 싫어한다.

소심함을 고치고 싶다면 타인에 대한 평가를 멈춰라

다시 말하지만, 소심함을 고치는 진정한 해결책은 상대를 대하는 태도를 바꾸는 것이 아니라, 상대를 내 마음대로 판단하는 좋지 않은 버릇을 없애는 것이다.

물론 이는 매우 힘든 일이다. 무의식적으로 늘 상대의 옷차림, 말투, 행동거지, 표정, 버릇 등을 분석해 마음대로 평가한 사람이 갑자기 이러한 평가를 그만두기는 불가능하다. 자신만의 잣대를 휘두르는 일은 마음속에서 자동반사적으로 일어나기 때문이다. 하지만 의식적으로 조금이라도 줄이려고 노력해야 한다.

이럴 때의 두 가지 방법, 즉 다른 사람이 자신을 평가하는 일에 무관심해지라는 것과, 자신이 다른 사람을 평가하는 일에 무관심해지라는 것은 비슷한 말이지만 완전히 다르다. 전자는 소심함을 해결할 수 없는 방법이고, 후자는 어느 정도만 되면 확실한 효과를 낼 수 있는 방법이다. 전자의 해결책은 심하면 안하무인이 되어 말 그대로 진상이 될 우려가 있지만, 후자의 경우에는 타인에 대한 불필요한 선입견이나 잘못된 판단 등을 방지할 수 있는 좋은 효과를 불러올 수 있다.

앞에서 말했듯이 소심함은 분명히 장점을 가지고 있다. 너무 둔해서 다른 사람이 자신을 어떻게 생각하는지도 모르고 사는 사람보다는 훨씬 낫다. 소심함을 장점으로 유지하려면 최대한 사람을 가려 사귀어야 한다. 세상에는 소심한 사람을 이해하고 배려해주는 사람보다는 그 소심함을 이용해서 자신의 이득을 챙기려는 사람들이 훨씬 많기 때문이다. 여기에 더해서 상대를 향한 배려가 엉뚱하게도 그 상대의 권리인 양 여겨지는 경우도 흔하다. 사실 대부분의 사람들은 뻗을 자리가 되면 뻗을 뿐이다. 뻗게 해주었다고 해서 감사하기보다는 그것을 당연한 것으로 여긴다.

물론 모든 사람이 그런 것은 아니다. 소수의 사람들은 경우를 알고 감사할 줄 안다. 자신의 소심한 성격을 고칠 자신이 없다면 적어도 평균 이상으로 착한 사람을 골라 사귀어야 한다. 가장 큰 문제는 소심한 사람이 못된 사람들과 어울려 끝없이 이용당하다 결국 버려지는 것이다. 이러한 경험은 오직 상처로만 남을 뿐이다. 심지어 상처를 입은 나머지 방어적으로 변해 자신의 삶조차 망가뜨리는 일도 일어난다. 이를 방지하려면, 먼저 남을 평가하는 버릇부터 고쳐야 한다.

비슷하게 이용당하는 사람들 중엔 순진하고 착한 사람들도 있는데, 이들은 사실 대책이 없다. 소심한 성격이 계산 능력은 있으나 대인관계가 서툴러서 나타나는 문제라면, 순진하고 착한 사람은 계산 능력조차 없기 때문이다. 결국 이들은 좋은 사람들을 만나 살아가길 바라는 수밖에 없다. 이 두 유형에서 소심한 사람은 착한 사람들에 비해 훨씬 더 스트레스를 받는다는 점이 문제이긴 하다.

소심함의 반대로 대범함이란 표현을 쓰기도 하지만, 사실 소심함의 반대 표현은 무관심함이다. 무신경하거나 무관심한 사람은 다른 사람을 잘 평가하지도 않고, 그 사람이 무엇을 생각하는지 유추하지도 않는다. 타인에 대한 무신경함은 의도치 않게 다른 이들에게 상처를 주기도 한다.

소심함이 대범함과 대비되는 부분은 손해를 입었다고 판단될 때 그것에 집착하느냐, 포기하고 넘어가느냐 정도의 차이가 된다. 이것은 과거에 집착하는 사람과 미래를 향해 가는 사람들의 차이인 것이다.

감당할 수만 있다면 무신경한 것보다는 소심한 것이 나을 수 있다. 스스로는 더 힘들지 모르지만 주변 사람들에게 신경을 써줌으로써 인덕이라도 얻을 수 있다. 무신경한 사람은 사람들의 마음도 얻지 못하고 자신이 어떤 일을 당했을 때 정작 도움 받지 못하는 경우도 많다. 친구가 아파서 병원에 입원했으면 귀찮더라도 한 번쯤 병문안을 가야 자신이 아플 때 친구가 방문을 해주는 것이다. 그렇지만 무신경한 사람은 입원해도 아무도 찾지 않을 가능성이 높다. 왜냐하면 친구가 입원했을 때 병문안을 가지 않았기 때문이다.

어떤 삶을 살든 선택은 자유이다. 단, 각자 그 결과에 대해 책임을

지면 된다. 다만 무신경한 것이 소심한 것보다 나은 것이 아니란 점만 기억하면 된다. 타인에 대한 무신경함은 편할지 모르지만, 결국 언젠가는 깊은 외로움이 찾아올지도 모른다.

인생에는 결코 단 하나의 정답만을 낼 수 없는 오묘함이 있다.

나는 왜 사소한 것도 결정을 잘 못할까?

나 : 어떤 것을 사야 할지 모르겠어.

빙고 : 아무거나 사. 어떤 것을 사도 비슷할 거야.

나 : 그래도 제일 좋은 것으로 골라야지.

빙고 : 좋은 것을 보는 눈이 있었으면, 처음부터 고르지 못해 고민하고 있었을까?

'결정 장애'라는 말이 있다. 이 용어는 무엇인가를 선택해야 할 때 고통스러워하며 최종 선택을 내리지 못하는 증상을 의미한다.

선택이란 무엇을 새롭게 만드는 창조의 고통도 아니고, 선다형 답처럼 정답에 가까워 보이는 것을 선택하면 되는데도 불구하고, 우리는 왜 그 선택을 하는 데 있어서 어려움을 느낄까?

대부분의 사람들이 일상생활에서 크고 작은 결정 장애를 경험한다. 하지만 스스로 인식할 정도로 심각한 수준이 아니라서 큰 고민을 하지는 않는다. 그런데 어떤 사람들은 이 증상으로 인해 심한 스트레스를 받거나 때론 문제가 생기기도 한다.

과거에는 결정 장애가 있는 사람을 우유부단한 성격이라고 칭했다. 그러나 결정 장애는 우유부단한 성격과는 그 원인에서 차이가 난다. 우유부단한 성격을 결정 장애의 한 요소로 보는 것이 이치에 더 맞다. 결정 장애는 생각보다 꽤나 다양한 원인을 가지고 있기 때문이다.

흔히 겪는 결정 장애 상황은 배가 고픈데 무엇을 먹어야 할지 고민하는 경우이다. 그날 컨디션에 따라 먹고 싶은 음식이 있는 경우는 상관없지만, 먹고 싶은 것이 없는 날도 있다. 그런데 배는 고프니 먹긴 먹어야 한다. 영화도 비슷하다. 영화를 보고 싶은데 보고 싶은 영화가 딱히 없다. 그럴 때 우리는 꽤나 오랜 시간을 망설이기도 한다. 좋아하는 옷을 고를 때도 이 결정 장애가 작용한다. 단지 이것이 누구에게 손해를 입히거나 신경을 쓰게 하는 것이 아니라서 큰 문제로 부각되지 않을 뿐이다.

왜 결정 장애가 일어날까?

결정 장애의 첫 번째 중요한 원인은 자신감 부족이다. 이런 경우는 성격적인 우유부단함으로 나타난다. 어떤 선택을 해야 할 상황이 되었을 때 그 선택이 제대로 됐는지에 대한 자신감이 부족하다. 그래서 주변 사람들의 의견을 듣거나, 결정했다고 해도 반대하는 이가 나타나면 또다시 쉽게 흔들린다.

자신감이 부족한 사람들은 성격으로 인해 평생 결정을 잘 못하는 스트레스를 받는다. 남자가 이럴 경우엔 강한 성격의 여자를 선호하는 경향도 나타난다. 자신이 결정을 내릴 강단이 부족하니 배우자를 통해 그것을 채우려는 것이다. 여자 역시 마찬가지다. 우유부단함이 심한 여자일수록 강한 남자를 선호한다. 우유부단함의 반대 성격을 가진 사람을 결단력, 즉 카리스마가 있다고 한다.

두 번째 원인은 정보의 다양성이다. 이 원인은 현대 들어 더욱 심화되었는데, 특히 인터넷의 발달로 어떤 결정을 내리기까지 접하게 될 정보의 양이 많이 늘었다는 데 그 이유가 있다. 어떤 결정을 위한 선택을 내릴 때 관련 정보를 찾아보는 것은 현명한 행동이고 좋은 습관이다. 문제는 정보 자체가 지나치게 많다는 것이다. 게다가 정보에 대한 의견이 극과 극으로 치닫기라도 하면 결정하는 데 심각한 혼란을 느낄 수밖에 없다.

어떤 제품에 대한 평가를 얻기 위해 인터넷을 찾아봤는데, 누군가는 심하게 욕을 하고 누군가는 최고라는 칭찬을 한 평가를 보게 되면 도대체 갈피를 잡을 수가 없다. 추가로 인터넷 댓글 알바가 성행이라는 정보까지 얻게 되면, 인터넷에 상품평을 남기는 사람들의 의견에 대한 기초적인 신뢰조차 흔들리게 된다. 전문 기자들이 쓴 기사나 블로거들이 올린 글도 신뢰할 수 없음을 확인하는 순간, 도대체 무엇을 어떻게 어디까지 믿을 수 있는가에 대한 심각한 고민에 빠진다. 이 고민이 결정 장애를 일으키는 원인이 된다.

세 번째 원인은 제품의 다양성이다. 현대 사회는 각 나라에서 생산된 제품의 품질이 상향 평준화되고 있다. 예전엔 특정 회사 제품이 한 분야를 휩쓰는 일이 많았다면, 지금은 많은 회사들이 동종의 비슷한 제품을 생산하고 있고 품질면에서도 큰 차이가 나지 않는 경우가 많다. 전자 제품 분야가 특히 심한데, 밥을 먹으러 식당에 가는 것도 비슷한 원리다. 식당이 하나만 있으면 선택의 여지가 없지만, 식당이 늘어나면 늘어날수록 선택의 폭이 넓어진다. 그러나 모두 비슷한 수준이라면 결정하는 것이 쉽지 않다.

대형 마트에 진열된 제품들 역시 비슷하다. 비슷한 제품이 다섯 개가 있으면 쉽게 결정하지만, 수십 개가 있으면 소비자들은 결국 선택을 하지 못해 제품을 구매하지 않게 된다는 실험 결과가 있을 만큼, 다양함에 대한 결정 장애는 확실히 존재한다. 이는 다음에 이어지는 원인들의 기저 원인으로 작용하기도 한다.

우리는 어떤 결정에 있어 그것의 대안이 존재할 때 선택의 어려움을 느낀다. 최고의 선택에 대한 집착은, 이 순간 어떤 것을 선택했음에도 불구하고 좀더 나은 것이 있지 않을까 끝없이 집착하는 경우로 나타난다. 이것이 바로 네 번째 원인, '베스트 오브 베스트 증후군'이다. 즉, 자신이 선택한 것이 선택 가능한 것들 중에서 최고이기를 바라는 심리로 인해 벌어지는 현상이다. 이 마음은 사실 누구나 가지고 있는 욕심이지만, 어떤 이들은 이것에 대해 심각한 수준의 집착을 보인다. 그래서 어떤 선택을 할 때, 자신이 선택한 것에 집중하지 못하고 선택하지 못한 것에 대한 집착을 보이게 된다.

쉬운 예로 여행을 떠날 때 두 개의 선택 가능한 경로가 있다고 치자. 그중 하나를 선택하고 그것에만 신경 쓰면 간단하다. 그런데 우연한 사고로 선택한 길이 막혔고, 다른 길이 막히지 않았다면 그때부터 자신이 선택한 것에 대한 후회로 짜증을 낸다. 그 언짢은 기분으로 결국 일행과 다투는 등 여행 자체까지도 망치는 경우가 있다. 더 흔한 예는 여러 개 있는 현금 지급기 앞에 섰거나, 대형 마트의 계산대 중 하나를 골라 섰을 때도 발생한다. 자신이 선택하지 않는 줄의 상황이 바로 보이는데다 그 효과 또한 즉시 나타나기 때문에, 앞에 선 사람이 뭉그적거리면 괜히 마음이 불편하고 짜증이 난다.

이러한 문제들은 시간이 흐르면 해결되지만, 무엇인가를 사려고 마음먹은 사람에게 이 증상이 나타나면 구매 자체를 못하는 문제로 연결된다. 이것은 앞에서 말한 두 번째와 세 번째 원인과 결합되어, 다양한 정보와 다양한 제품 속에서 '최고의 선택'이란 지옥이 열리게 되는 것이다.

여기서 가장 심각한 문제는 최고의 선택에 대한 기준점이다. 그것이 자신만의 기준으로 정해진다면 괜찮은데, 실제로는 타인의 평가를 통해 최종 완성되기 때문이다. 우리가 어떤 선택을 할 때 다른 이들의 시선을 과도하게 의식하면 자신이 원하는 것을 선택하지 못하는 일이 벌어질 수도 있는 것이다. 사공이 많으면 배가 산으로 가는 이치와 같다.

이것은 근본적으로 개인의 행복과도 관련이 있다. 자신의 선택이 본인의 의지가 아닌 다른 이들의 평가를 기준으로 이루어지면, 그 선택은 결과적으로 자신을 행복하게 만들어주지 못하는 것이다. 특히 다른 이들의 추천이나 구매를 따라 선택을 했을 때 문제는 훨씬 심각해진다.

사람들의 이런 행동 패턴은 생각보다 빈번하게 일어난다. 많은 이들이 왜 그것을 사야 하는지에 대한 스스로의 인식이 없기 때문이다. 어떤 면에서 이런 것들은 살아온 관성에 의해서 이루어진다. 자발적으로 만들어낸 욕구가 아닌, 사회나 주변에서 그것을 사는 게 정상이라고 말해주는 것에 익숙해져 있는 것이다. 결국 최고의 선택을 하고 싶다는 욕구는 어떤 경우엔 그 제품을 왜 사려고 했는지조차 잊게 만들어서 누군가의 칭찬이나 부러움을 사고 싶다는 의도로 결정이 이루어진다.

다섯 번째 원인은 선택의 후회에 대한 두려움이다. 어떤 면에서는 네 번째 원인과 겹치기도 하는데 성격이 조금 다르다. 이는 자신의 선택이 최고가 되어야 한다는 적극적인 것과는 다른, 그 선택이 평균치 이상은 되어야 한다고 생각하는 것에서 시작된다. 후회는 평균도 안 되는 선택을 한 경우에 대한 두려움으로 나타난다.

구체적으로 표현하자면, 베스트 오브 베스트 증후군은 자신이 잘났다는 우월감을 기반으로 나타나는 것이고, 선택과 후회에 대한 두려움은 자신의 열등감을 기반으로 나타난다. 다시 말해 자신이 하는 선택이 잘난 것을 증명하는 것에 집착하는 것이 아닌, 못한 것일까봐 두려운 것이다.

사람들은 살아가면서 자신이 한 선택의 순위를 매길 때 평균 이하라고 인식하는 경우가 매우 드물다. 우리가 한 선택에 순위를 매겨 줄로 세우면 누군가는 1등, 누군가는 꼴등을 하게 된다. 평범한 사람이라면 50퍼센트 평균 이상의 선택과 50퍼센트 평균 이하의 선택을 하고 있는 것이다.

선택을 잘못해서 후회하는 일은 50퍼센트 정도에 해당하는 흔한 일이라고 볼 수 있다. 그럼에도 후회하는 경우가 드물다. 이것은 그것을 인식하느냐와 또 얼마나 쉽게 잊느냐에 따라 이루어진 일종의 기억 조작이다. 잘 생각해보면 어떤 제품을 산 후 반품하거나, 얼마 쓰지도 않은 채 한쪽 구석에 처박아두고 잊는 경우도 꽤나 있다는 것을 알 수 있다.

사람들은 자신의 잘못된 선택을 합리화하려는 경향이 강하다. 예를 들어 글을 쓰는 작가가 되어 넉넉지 못하게 살더라도, 자신이 사업을 선택했으면 잘 살았을지도 모른다는 것에 대해서는 가정하지 않으려 한다. 작가의 길을 선택한 것을 '팔자'나 '운명'으로 받아들이고 살아갈 뿐이다. 실제로 이런 능력은 하위 50퍼센트에 속한 사람들에게는 유일한 희망인 셈이다. 그것이 바로 그들이 한순간 선택의 실수로 인해 평생 절망적인 삶을 살아가는 것을 막아주는 힘이 되는 것이다.

사회가 경쟁이 심화될수록 우리는 '혹시나 잘못된 선택을 해서 갑자기 경쟁에서 밀리지 않을까' 하는 염려를 하게 된다. 그러한 불안으로 모든 결정이 안전하다고 말하는 것을 선택하려는 형태로 쏠린다. 요즘 우리 사회에서 공무원 같은 안정적인 직장을 선호하는 경향 역시 일종의 결정 장애의 한 단면인 것이다. 물론 이것은 먹고사는 현실이기에 어쩔 수 없는 부분이 있기는 하다.

마지막 여섯 번째 원인은 늘 누군가에 의해 선택을 강요당한 경우이다. 이때 강제로 선택을 해주는 사람은 주로 부모이다. 이런 현상은 점점 더 심해지고 있는데, 아이의 삶을 고정시키려는 부모들이 늘어나고 있기 때문이다. 그래서 아이의 삶은 계속 부모에 의해 선택이

지금은 행복하기 위해서 소비를 하는 시대이다.

된다.

삶을 결정하는 관문인 대학까지 선택당한 아이는 그 선택이 잘못 되었다 해도 부모만 원망할 뿐 자신에게는 책임이 없다고 생각한다. 이렇게 자란 사람은 책임감이 제대로 형성되지 못해서, 사회생활을 할 때 조금만 힘든 일에 부딪쳐도 돌파할 생각은 않고 핑계만 대는 행동 패턴을 보인다. 인격 형성의 중요한 시기에 선택하는 법을 배우지 못했기 때문이다. 그래서 마마보이로 불리는 사람들이 나타난다. 한 번 이렇게 형성된 성격은 결혼 후에도 계속되어 아내와 엄마 사이에서 큰 갈등을 초래하기도 한다.

그리고 이 원인의 또 다른 문제점은 바로 선택하지 않았기에 책임지지도 않으면서, 다른 이들이 한 선택을 뒷짐만 진 채 비판도 아닌 비난만 해댄다는 점이다.

이 결정 장애를 어떻게 극복해낼 수 있을까?

결정 장애는 혼자 있을 때는 아무 문제가 없다. 옷을 하나 사는 데 수십 일이 걸리든 말든 그것은 그 사람의 몫이다. 하지만 결정 장애가 다른 이와의 관계 안에서 나타날 땐 갈등을 불러일으킨다.

우유부단한 성격이거나, 너무 많은 정보를 찾으려 하거나, 너무 다양한 제품을 선택의 대상에 두거나, 최고의 선택만을 하려 하거나, 후회할까 두려워 선택을 하지 못하거나, 부모가 없으면 아무것도 선택하지 못하는 증상들이 심해지면 결국 같이 있는 사람들과 뭔가 엇나가게 되는 것이다. 우리 사회는 다양화되고, 복잡해지고, 정보화되고 있기에 이 결정 장애는 점점 더 심각해질 것이 분명하다. 지금 이 순간에도 어떤 결정을 내리지 못해 불필요한 시간을 쓰는 사람들이 꽤나 많다.

모든 것이 빨라져가는 현대 사회에서 아이러니하게도 결정의 순간은 더 길어지는 현상이 벌어지고 있다. 이것은 심사숙고를 하는 모습이 아니라 선택에 자신이 없거나, 최고의 선택만을 선호하는 욕심이거나, 다른 이들의 평가에 민감해지는 우리들의 자화상이 아닌가 싶다.

어떤 면에서 결정 장애는 욕심의 결과이기도 하다. 우유부단한 성격이나 마마보이적 기질은 한쪽으로 치워놓더라도, 다양한 제품과 다양한 정보를 배경으로 최고의 선택, 후회 없는 선택을 하려는 욕구는 욕심으로 평가될 수 있다.

그렇다면 이 결정 장애를 어떻게 극복해낼 수 있을까?

사실 정확하고 명백한 치료법이 있을 수는 없다. 그래도 우리가 할 수 있는 최선의 길을 찾아봐야 한다. 그 시작은 우리 자신이 결정 장애를 겪고 있다는 사실을 인정하는 것이다. 모든 문제 해결의 시작은 바로 '인정'이다. 우리 스스로 결정 장애가 있음을 인정할 때 비로소 자신의 모습을 객관적으로 바라볼 수 있는 것이다. 그리고 왜 자신에게 결정 장애가 생겼는지 그 원인을 파악해볼 수 있다.

그것은 평소에 너무 다양한 정보를 접하거나, 너무 많은 정보를 찾아보려는 시도 때문에 그럴 수 있다. 그것은 너무 최고의 결과만을 바라는 집착에서 나올 수도 있다. 그것은 선택의 후회에 대한 과도한 두려움을 겪어서 그럴 수도 있다. 그것은 돈에 대한 집착이나, 혹은 주변 사람들의 평가에 너무 민감해서 그럴 수도 있다.

스스로 인정할 수 있다면 이젠 치료를 해볼 수도 있다. 그것은 바로 마음의 짐과 부담, 욕심을 가능한 한 내려놓는 것이다. 기대치를 줄이고 결과를 그대로 받아들이려고 노력해야 한다.

도대체 무엇을 근거로 자신의 선택이 무조건 후회도 없고 최고여야 한다는 걸까? 누가 우리에게 그러한 권리를 주었을까? 나의 선택은 한 치의 실수도 없이 늘 완벽해야만 하는 것인가? 이것의 오류를 스스로 인정하고 받아들일 수 있을 때 우리는 결정 장애에서 벗어날 수 있다. 이러한 노력이 우리를 지금보다 조금 더 행복하게 해줄 것이다.

유리 멘탈,
시도 때도 없이 상처받는 내 마음

나 : 야옹아.

빙고 : 야옹이라고 부르지 마. 기분 나빠.

나 : 야옹거리니까 야옹이라고 부르는데, 왜 기분 나빠?

빙고 : 그럼 내가 너를 '어휴~'라고 부르면 좋겠어?

상처는 사람을 아프게 한다. 그것이 우리를 파괴시킬 정도로 강한 것이든, 하늘 한 번 쳐다보고 한숨 한 번 내쉬고 넘길 수 있는 것이든 상관없이 상처받은 우리는 누구나 아프다.

우리는 살아가면서 알게 모르게 크고 작은 상처를 받는다. 그 상처는 외모에 대한 것일 수도 있고, 능력에 대한 것일 수도 있으며, 이해할 수 없는 부당한 차별일 수도 있다. 상처는 시간이 흐르면서 치유되기도 하지만, 마음속 깊은 곳에 난 상처는 일생 동안 없어지지 않는 경우도 있다. 칼에 베인 상처는 약이 있지만 말로 다친 상처는 백

약이 무효라는 말도 있다. 마음에 새겨진 상처는 치유가 어렵다는 말이다.

내 말과 행동이 다른 이에게 상처가 된다는 사실조차 깨닫지 못하는 경우도 많다. 더욱이 같은 상처라도 사람마다 느끼는 정도 또한 매우 다르다. 누군가는 별것 아닌 것으로 넘길 수 있는 상처가 다른 이에게는 자살을 생각할 정도의 심각한 것일 수 있다.

우린 때로 상대가 자신을 함부로 대한다는 느낌, 즉 배려심 없이 자기 식대로만 행동하는 상대의 태도에 상처를 받는다. 상대방 역시 자신의 말이나 행동이 다른 사람에게 상처를 주고 있다는 사실을 모르는 경우도 흔하다.

물론 어떤 사람들은 의도적인 행동을 하기도 한다. 자신이 싫어하는 사람이거나, 혹은 과거에 자신에게 상처를 입혔던 사람에게 복수하기 위해 일부러 상처 주는 짓을 한다. 그러면서 가끔 쾌감을 느끼기도 한다.

어떤 의도든 간에 우리는 누군가가 자신을 함부로 대하고 상처 주는 말을 할 때 이런 생각을 하게 된다. '왜 저 사람은 상대가 상처 입을 수 있는 말을 저렇게 쉽게 할까? 자신도 같은 말을 들으면 기분이 나쁠 텐데'라고 말이다.

하지만 우리의 이런 생각엔 큰 착각이 숨겨져 있다.

첫 번째는, 상대는 자신이 하는 말을 실시간으로 인식하지 못한다는 점이다. 즉, 상처를 주는 사람은 자신이 상대에게 상처를 주고 있다는 사실 자체를 인식하지 못한다. 물론 실수로 상대의 상처를 건드리는 경우도 있다. 그럴 경우 우리는 그 자리에서 사과를 한다.

두 번째는, 누군가 나에게 상처 주기 위해 한 말이 놀랍게도 상처가 되지 않을 수도 있다는 점을 생각해야 한다는 것이다. 즉, 같은 말이라도 누구에게는 상처가 되지만 또 누구에게는 아무렇지도 않을 수 있다. 이런 면이 우리가 상처를 주고받는 것에 대해 가장 큰 착각을 하는 부분이다.

어떤 사람은 '병신'이란 말을 들으면 불같이 화를 낸다. 하지만 요즘 남자 고등학생들의 대화를 들어보면 '병신'이라는 말을 아무런 의미 없이 사용하고 있다. 그들은 '병신'이란 말을 주고받으면서도 전혀 화를 내지 않는다. 그냥 서로를 지칭하는 대명사처럼 그 단어를 사용하고 있는 것이다.

물론 이것은 단지 단어의 사용에 관련된 이야기지만 실제로는 좀 더 복잡하다. 타인이 자신을 함부로 대하는 정도에 대한 평가 기준은 사람마다 다르다. 어떤 사람은 상대가 조금이라도 자신을 함부로 대하는 듯 느껴지면 기분 나빠하고, 또 어떤 사람은 주변에서 보기에 좀 심하다 싶을 정도로 함부로 취급을 받아도 별로 상관하지 않는다.

이러한 차이는 부부 폭력에 노출된 관계에서도 나타난다. 어떤 사람은 배우자에게 뺨 한 대만 맞아도 바로 이혼하는 반면, 어떤 사람은 병원에 가야 할 정도로 심각한 폭행을 당해도 참고 산다.

상처를 대하는 태도에 왜 이런 차이가 생길까?

상처를 대하는 태도에서 이런 차이를 보이는 첫 번째 요소는 바로 자존감이다. 어려서부터 부모나 주변으로부터 함부로 대함을 당한 사람은 자존감이 낮아진다. 이런 이들은 사람들이 자신을 함부로 대하는 것에 익숙하다. 그 자신 또한 그렇게 말하고 행동하는 것에 익숙해져 있기 때문에 남들에게도 그런 식으로 대한다.

두 번째는 살아가는 환경에 따라서 매우 다른 형태의 이해와 반응을 갖게 된다는 점이다. 공사장에서는 험한 표현들이 난무하겠지만, 잘 차려입은 파티장에서는 누구나 착한 표정과 좋은 말을 골라 쓴다. 그렇다고 해서 공사장 사람들이 파티장의 사람들보다 악하다는 뜻이 아니다. 단지 일상적으로 사용되는 단어의 종류가 다를 뿐이다.

우리는 자신이 참아낼 수 있는 말을 다른 사람에게도 한다. 즉, '참을 수 있는 말 = 남에게 해도 되는 말'이 된다. 사람마다 살아온 환경에 따라 그 허용 범위가 다른데, 이것이 서로 안 맞을 경우 아무 의미 없이 내뱉는 말이 누군가에겐 큰 상처가 되기도 하는 것이다. 이는 만나선 안 되는 잘못된 조합일 뿐이다. 사회적으로 명망 있는 대학교수와 욕을 잘하는 고등학생이 만났을 때, 둘이 쓰는 언어의 공통점은 단지 한국말이라는 점뿐이다.

세 번째는 상처를 주는 것과 받는 것 사이의 불균형이다. 늘 자신이 참아낼 수 있다고 해서 남들에게 그렇게 대하는 것만은 아니다. 여기에는 재미있는 사실이 숨겨져 있다. 자신이 상처를 입는 것과 상대에게 상처를 주는 것이 모든 사람에게 있어서 같은 수준으로 작동되지는 않는다는 점이다.

어떤 사람은 자신이 당하는 무시를 꽤나 잘 참아내는 반면 남을 무시하지는 않는다. 어떤 사람은 자신이 당하는 무시는 참지 못하면서도 남은 아주 쉽게 무시한다. 여기에서 전자에 해당되는 사람을 우리는 '인격적인 사람'이라고 평가하고, 후자에 해당되는 사람을 '진상'이라고 평가한다.

기본적으로 우리는 자신이 참아내는 만큼 남들에게 한다. 판단 기준점이 자신에게 맞춰져 있어서, 자신이 '바보'란 말을 듣고도 기분이 나쁘지 않다면 남들에게 '바보'란 말을 쓴다. 반대로 '미친놈'이란 말을 들었을 때 기분이 나쁘다면 남들에게 '미친놈'이란 말을 하지 않는다. 하지만 '인격적인 사람'과 '진상'은 다르다. 인격적인 사람은 '바보'라는 말을 들었을 때 기분 나빠하지 않으면서도 다른 이에게 '바보'라는 말을 쓰지 않는다. 반대로 진상은 '바보'라는 말을 들으면 참지 못하면서도 다른 이들에게 '바보'라는 말을 쉽게 한다.

평범한 이들과 이런 사람들의 차이점은 무엇일까? 일단 '인격적인 사람'의 경우를 살펴보자. 이 부류는 또다시 두 가지 경우로 나뉜다. 하나는 다른 이의 시선으로부터 자유로운, 즉 나름대로의 삶의 철학이나 신념 등이 있는 사람이고, 다른 하나는 타인의 시선에 지극히 종속적인 사람이다.

자신만의 신념이나 철학이 있는 사람은 그것이 주는 자존감의 능력으로 다른 이들의 말에 크게 신경 쓰지 않는다. 그래서 자신을 '바보'라고 부르거나 '미친놈'이라고 하는 말을 듣고도 그냥 넘길 수 있다. 그러면서도 그런 말을 쓰지 않는 삶이 익숙해져 있기 때문에 다른 이들을 무시할 수 있는 말을 쓰지 않는 편이다.

반대로 타인의 시선에 민감한 사람은 남들에게 기분 나쁜 말을 들어도 그것을 표현하지 않으려고 한다. 이들은 감정을 너무 쉽게 나타내면 손해를 본다는 사실을 잘 알고 있다. 그래서 최대한 숨긴다. 그 또한 남을 기분 나쁘게 하는 말이 자신에게 아무런 이득이 안 된다는 것을 알기 때문에 의식적으로 그런 말을 하지 않는다.

그렇다고 해서 이들이 전혀 그런 표현을 하지 않는 것은 아니다. 사실 이들은 훨씬 더 교묘하게 표현한다. 즉, 이들은 대놓고 욕은 하지 않지만 무시한다. 욕 자체도 기분 나쁘지만, 무시하는 것만큼 상처

주는 것도 없다. 그래서 이들은 어떤 면에서 가장 심한 상처를 주는 유형이 되기도 한다.

그렇다면 이제 '진상'이라고 일컬어지는 사람들에 대해 생각해보자. 이들 역시도 자존감이 가장 큰 원인이다. 이들은 열등감이 심해서 다른 이들의 말에 쉽게 상처를 받는다. 또한 자신이 열등감을 극복하는 방법으로 우월감을 느끼길 원한다. 이는 상대를 무시하는 행동이나 언어를 통해서 드러난다. 이들은 다른 이들에게 상처 주는 말을 하고, 이로 인해 그들이 기분 나빠하고 불행함을 느낄 때 삐뚤어진 행복감을 느끼는 것이다. 이를 통해 마치 자신이 상대보다 더 나은 존재인 양 스스로 착각하면서 만족해한다.

돈의 가치가 우선시되는 사회에서 자존감이 낮은 사람은 두 가지 형태로 나타난다. 하나는 지위나 돈이 없는 경우인데, 이땐 자신을 함부로 대하는 다른 사람의 태도를 그냥 받아들인다. 다른 하나는 돈이 많거나 사회적 지위가 높아서 자신감이 생겼을 경우로, 자신은 돈이나 지위가 높기에 그런 대접을 받지 않아야 한다고 믿기 때문에 누군가 자신을 조금이라도 무시하는 듯 보이면 바로 폭발해버린다.

여기에서 참 운 없는 조합이 생겨난다. '진상'군에 속한 사람들은 주변에 사람들이 점점 없어지기 때문에 결국 소심해서 참는 '착함병'에 걸린 사람만 남는다. 그래서 '이 둘은 왜 같이 다닐까?' 싶은 조합의 사람과 친구가 되기도 한다. 한쪽은 끝없이 상대를 이용하고 괴롭히고, 다른 한쪽은 그것을 참아내면서도 거절하거나 화를 내지 못하는 소심함 때문에 괴롭지만 관계를 유지해가는 것이다. 부부간에도 이런 경우는 비일비재하다.

네 번째로 생각해야 할 점은, 어떤 사람들은 자기만의 세계에 갇혀 있다는 사실이다. 이들은 상처를 주고받는 것에서 분리되어 있다. 현실에서 이런 사람을 만나더라도 우리가 그의 성향을 알아보기는 어렵다. 이들은 생존에 대한 훈련이 되어 있어 사람들과 어울릴 때는 적절한 반응을 하기 때문에 마치 정상적인 사람처럼 보인다. 하지만 이들의 모든 관심은 오직 자신에게만 있다.

이를 단순히 이기적이라고만 표현할 수는 없다. 왜냐하면 우리는 누구나 이기적이지만 다른 이들의 삶이나 생각에도 관심이 있기 때문이다.

이런 성향을 가진 사람들의 큰 특징은 자신을 제외한 거의 모든 것에 관심이 없다는 것이다. 자신이 아는 사람들이나 친구에 대해서도 거의 관심이 없다. 단지 이들은 관계 유지를 위해서, 지인들의 이야기를 듣는 척을 하면서 그냥 과도한 반응만 한다. 그러고는 며칠 후 물어보면 무엇을 들었는지 전혀 기억을 못한다.

하지만 아무리 아닌 척해도 결국엔 주변에 상처를 주는 행동을 한다. 상처를 주고받는 경계 지점은 다른 이들과의 끝없는 충돌 속에서 만들어지는데, 다른 이들에게 관심 자체가 없으니 그것이 제대로 형성되지 않는 것이다. 그래서 나이를 먹어도 자신이 하는 말과 행동이 다른 이들에게 어떤 상처를 주는지 전혀 알지 못한다.

이들 중 욕심이 많은 사람은 자신에게 이득을 주는 존재에게만 관심을 갖는다. 자신에게 도움을 주는 강자에게는 한없이 굴복하고, 도움을 못 주는 약자는 완전히 무시한다.

또한 놀랍게도 이들은 상처도 받지 않는다. 이들은 공통적으로 자신에게만 집중하고 있어서 다른 이들이 상처 주는 말을 해도 알아듣지 못하기 때문이다. 마치 이들은 머릿속에 언어 필터가 따로 더 있는 것처럼 남의 말을 자신이 유리한 대로 해석한다. 그래서 상처도 잘 안 받는다.

예를 들어 "너 오늘 옷이 좀 독특하다"라는 말을 들었을 때, 보통 사람은 '아, 내 옷 조합이 안 좋구나'라고 받아들이는 반면, 여기에 속한 사람은 '내 옷이 꽤나 튀어서 예쁘구나. 그래서 저 애가 날 부러워하는구나'라는 식으로 해석한다. 그나마 이들 중에서 욕심이 적은 경우라면 좋은 사람처럼 보이고, 욕심이 많다면 진상 군에 속한 사람과 비슷하면서도 훨씬 영악하게 행동하는 사람이 된다. 그리고 놀랍게도 이런 부류들이 세상엔 꽤나 많다.

상처는 주는 사람의 잘못이다

날카로운 칼에도 상처를 입지만, 말로 입은 상처는 칼보다 훨씬 더 아프다. 그래서 가능하면 다른 이들에게 상처 주는 말을 안 하는 것이 좋다. 늘 존댓말을 쓰는 것도 좋은 습관 중 하나이다.

우리는 자신이 받은 상처는 잘 기억하는 반면, 자신이 다른 이들에게 상처를 입히는 것에 대해서는 인식하지 못할 때가 많다. 그래서 누군가에게 계속 상처를 입히고 있는데도 그 사람이 꾹 눌러 참고 있을 거라는 생각을 못한다. 그러다 어느 날 그 사람이 폭발하면 '쟨 왜 저럴까?', '그렇게 안 봤는데 영 별론데'라고 생각한다. 혹은 '내가 그렇게 큰 잘못을 했나?', '아니, 그렇게 기분이 나쁘면 진작 말을 하지'라고 생각하면서 상대방의 태도를 비난한다.

상처를 잘 받아 참지 못하는 사람을 '유리 멘탈'이라 하며 사람 자체를 비판하기도 한다. 즉, 다른 이들은 다 참는데 왜 혼자만 참지 못하는지 이해할 수 없다는 식으로 이야기하는 것이다. 그러나 정말로 잘 생각해봐야 한다. 이것이 과연 누구의 책임인지. 누군가 상처를 입었다면 그것이 상처를 받은 사람의 책임인지, 상처를 준 사람의 책임인지 말이다. 칼에 손가락을 베었을 때 손가락이 잘못인지, 피 묻은 칼이 잘못인지를 잘 생각해봐야 한다.

사람인 이상 상처를 받지 않을 수는 없다. 하지만 조금만 더 생각해본다면, 사실 어떤 상처들은 정말로 단순한 단어의 쓰임새나 살아온 환경의 차이로 나타나는 현상일 수도 있다. 물론 의도적으로 계속 상처를 입히는 사람들도 있지만, 보통의 우리들은 무의식적으로 상처를 입히기 때문이다.

그런 경우 조금만 제대로 판단할 수 있어도 우리가 받는 상처의 빈도수를 줄일 수 있다.

또한 우리 자신도 의도치 않게 남에게 상처를 입히고 있다는 사실을 기억해야 한다. 그래서 어느 날 상대방이 내 말에 느닷없이 화를 낸다면, 내 말이 누군가에게는 비수가 될 수 있음을 인정하고 돌아봐야 한다. 상처를 대하는 가장 최선의 방법은 상처를 치료하는 것이 아니라, 상처를 주지도 받지도 않는 것이기 때문이다.

좌절을 대하는 현명한 태도

나 : 가끔은 내가 좀더 잘났으면 해.

빙고 : 더 잘나면 뭘 하고 싶은데?

나 : 많지. 머리가 좋으면 공부도 하고, 운동 신경이 좋으면 각종 스포츠도 더 즐기고, 외모가 좋으면 여자 친구 사귈 기회도 더 많겠지.

빙고 : 그다음엔?

나 : 음, 뭘 더 생각해. 이미 행복할 텐데.

빙고 : 아닐걸? 넌 아마도 그때의 너보다 더 나은 사람이 되길 또 바랄걸?

살다가 자연스럽게 만나는 사람들을 보면 참 다양한 성격을 지녔다는 것을 알게 된다. 그런데 그 다양함 속에서도 우리는 어떤 보편적인 특징을 가려낼 수 있다. 그 보편성이 가장 두드러지게 나타나는 분야는 창작 분야일 것이다. 그래서 소설 속 주인공들은 정의롭고 악당은 야비한 경우가 많다.

인간의 성격은 다양하게 보이지만, 잘 들여다보면 몇 가지 요소들의 조합에 의해 결정되고 있다는 것을 알 수 있다. 이것은 마치 우리가 수많은 종류의 음식을 접하지만, 사실 그 음식의 대부분이 단맛과 짠맛의 조화로 맛이 결정되고 있는 원리와 비슷하다.

좌절은 성격 발달에 가장 큰 영향을 미치는 경험이다

인간에게 있어서 태어나면서 시작되는, 후천적 성격 발달 과정 중에서 가장 중요한 과정을 꼽자면 첫 10년 정도가 아닌가 싶다. 이 시기는 세상을 살아가는 데 있어서 모든 행동에 대한 기준점이 정해지고 교육되는 과정이기 때문이다.

이 시기에 경험하는 것들 중에서 생각보다 훨씬 많이 중요한 것이 바로 '좌절'에 대한 경험이다. '좌절'이란 용어는 좋은 의미로 사용되지 않기 때문에 부모들은 자녀들이 좌절을 경험하는 것을 달가워하지 않는다. 하지만 인간에게 있어서 좌절에 대한 경험은 정말로 중요한 것이다. 이 좌절을 어떻게 경험하고 극복하느냐에 따라 이후 성격이 크게 변화한다. 그래서 우리 인간의 성격은 다양한 듯하면서도 비슷한 패턴을 보이게 되는 것이다.

어린 시절은 지식과 경험 부족으로 판단의 주체인 '자아'가 형성되지 못한다. 또한 주변 사물이나 자신을 둘러싼 환경의 이해가 모자란 아이들은 세상이 모두 자기를 중심으로 돈다고 믿는다.

이것이 바로 우리가 첫 번째 좌절을 경험할 수밖에 없는 이유가 된다. 우리는 누구나 신생아 시절에 부모님의 온전한 관심을 받고 자란다. 이때가 가장 어리고 연약한 시기이기 때문에 부모에게 다른 자식이 있다고 해도 관심이 집중될 수밖에 없다. 이때 아이는 세상 모든 것을(그 당시는 부모가 세상의 모든 것이다) 독점하는 존재로 살아간다.

하지만 아이의 바람과 달리 이 시기는 오래가지 못한다. 동생이 태어나거나, 혹은 나이를 먹어 어린이집에 가면 여러 아이들 중 하나일 뿐, 좋아하는 선생님이나 장난감을 독점할 수 없는 처지임을 받아들여야 한다.

이때 처음 좌절을 경험하게 된다. 아이들은 울거나 고집을 부려 자신의 좌절을 부정하고자 하지만 결코 만족되지 않는다. 그래서 아이들은 선생님을 두고 질투를 하고, 장난감을 독차지하기 위해 친구와 싸운다.

어른들은 이런 모습을 보면서 사회성을 길러준다고 말하지만, 사실 이때 아이는 좌절을 경험하고, 포기하고, 타협하는 방법을 배운다. 이때의 배움은 평생에 걸쳐 남은 삶을 좌지우지한다. 하지만 처음에는 받아들이기가 결코 쉽지 않다.

그래도 이런 과정이 수년간 진행됨에 따라서 아이는 좌절을 받아들인다. 즉, 포기하는 법을 익히는 것이다. 상황에 따라서는 주변인들의 독점적 관심이 어느 정도 유지되는 아이들도 있다. 외모가 뛰어나게 예쁘거나, 집안에 돈이 많거나, 확연하게 영특한 아이들은 다른 아이들과는 다르게 나이를 먹어서도 관심을 받기에 좌절이란 것을 경험하지 못한다. 즉, 이런 아이들은 다른 아이들에 비해서 관심을 더 받기 때문에 절대적 독점은 포기되지만 상대적 독점은 계속 유지된다.

따라서 이들은 인간으로서 자연스럽게 경험해야 할 좌절의 시기를 뛰어넘게 되는데, 불행하게도 이것이 나쁜 결과를 만들 수 있다. 왜냐하면 이런 아이들은 결국 나중에 자신과 비슷한 부류의 아이들과 만나게 되기 때문이다.

즉, 어떤 방면이든 뛰어난 존재들은 또 다른 뛰어난 존재들이 모이는 곳으로 모여든다. 머리가 좋은 아이들은 좋은 대학교와 좋은 직장에서 치열하게 경쟁하게 되고, 외모가 뛰어나거나 신체적으로 탁월한 아이들은 연예인이 되거나 운동선수가 되어 그들만의 세계에서 경쟁을 하게 된다. 때문에 우리나라의 수재들만 모인다는 서울대학교에 들어간 학생들이 입학 후 처음 느끼는 것이 바로 '공부에 대한 열등감'이라고 한다.

그래서 뒤늦게 좌절을 경험하는 사람들이 생겨난다. 어릴 때는 인식 능력이 부족해서 큰 상처 없이 좌절을 경험할 수 있지만, 자아가 발달한 후 겪게 되는 좌절은 심한 정신적 충격으로 다가온다. 즉, 성인이 된 후 좌절을 경험하게 되면 심각한 열등감이나, 혹은 승부에서

졌다는 생각으로 폭력적으로 변할 수도 있는 것이다. 사실상 좌절만큼 사람을 힘들게 하는 것도 드물기 때문이다.

어린 시절에 좌절을 경험한 사람은 자연스럽게 극복하는 방법을 배운다. 그러나 나이를 먹어 좌절을 경험하는 사람은 견디기 힘든 상황에 직면하게 된다. 이런 사람들은 과도한 자기애와 자존심으로 인해 자신을 인정하기가 쉽지 않다. 이들은 두뇌 발달과 교육의 효과로 살아갈 수 있는 지식은 익혔지만, 정신이라고 부르는 '자아의 성장'은 10세 이전의 시기에서 멈춘 꼴이 되고 만다.

인간은 보통 10대에 접어들면서 본격적인 자아 성장이 이루어진다. 이 시기에는 인간관계, 즉 친구 사귀는 문제가 중요하다. 이는 우리의 사회성에 대한 욕구에서 출발한다. 여기에서는 자신의 평판과 친구가 얼마나 많으냐에 목숨을 걸기도 하고, 반대로 왕따에 대한 심각성도 대두된다. 하고픈 일은 많지만 성인이 되지 못했다는 이유로 통제받는 삶에 대한 불만이나, 사람과의 관계성에 대한 서툰 판단과 행동이 겹치면서 언제라도 폭발할 수 있는 시기가 되어버린다.

이 시기를 잘못 보내면 크게 틀어지는 삶을 살아갈 수도 있고, 심지어는 심각한 수준의 범죄를 저질러 회복 불가능한 길을 가기도 한다. 또한 이 시기는 해야 할 일을 얼마나 열심히 했느냐에 따라 미래가 결정되는 경향이 크므로, 경제적 삶에 있어서도 가장 중요한 시기이다.

10대 이전의 시기를 성격 형성의 시기라고 한다면, 10대의 시기는 인간 사회에서 얼마나 풍요롭고 안정적으로 살아갈 수 있는지를 결정하는 가장 기초적인 시기가 된다.

이렇게 20대가 된 사람들은 어떤 기준에서는 자신만의 꿈을 갖게 된다. 10대의 꿈이 너무 환상적이라면 20대의 꿈은 좀더 구체적으로 변한다. 일단 자신이 선택한 길이 어느 정도 결정되었기 때문인데, 10대보다는 훨씬 실현 가능성이 높고, 그래서 더욱 열정적으로 변한다.

여기에 더해서 스스로 돈을 벌 수 있는 경제적 역할도 할 수 있게 된다. 또한 성인으로서 모든 것을 즐길 수 있는 자유도 주어지기에 더욱 능동적인 삶을 꿈꿀 수 있다. 하지만 기존 사회의 견고한 벽을 절실하게 느끼는 시기이기도 하다. 아무리 높이 뛰어도 우물 안 개구리에 불과하다는 것을 알게 되는 것이다. 그리고 자신의 학벌(졸업한 학과, 대학교 간판) 등이 얼마나 자신의 삶을 결정짓는지, 보이지 않는 장벽을 절실하게 깨닫게 된다.

이때 우리는 보통 두 번째 좌절을 경험할 준비를 시작한다. 이 두 번째 좌절은 첫 번째 좌절과는 달리 성격이 완성되어 있기 때문에 이것을 받아들이는 것이 작은 상처라고 해도 매우 크게 느껴지게 된다. 즉, 어린 시절의 좌절이 마취 상태처럼 제대로 느껴지지 않았다면, 성

사람들은 좌절을 싫어하지만,
다루기에 따라 행복의 열쇠가 되기도 한다.

인이 되어 경험하는 좌절은 모든 것의 고통이 있는 그대로 느껴지는 것이다.

이런 차이점으로 30대의 좌절은 정말 아프다. 20대의 열정이나 꿈을 이루기 힘들 것이라는 점을 인식하고, 출발점이 다른 이들과 경쟁하기란 불가능하다는 것도 알게 된다. 노력과 능력보다 사회적 · 경제적 목표를 이루기 위해서는 행운이 더 크게 작용한다는 사실도 알게 된다. 타고난 운명이 만들어가는 운에 비해 월등하다는 진실도 알게 된다. 즉, 잘난 부모에게서 태어난 사람과는 어떤 노력을 해도 똑같은 경쟁이 될 수 없다는 것을 알게 되는 것이다. 그래서 어떤 의미에서는 현실의 벽 앞에 선 인생의 30대가 가장 힘든 시기이기도 하다.

10대의 '꿈'이나 20대의 '열정'은 시간이란 자산을 통해 희망적인 미래를 기대한다. 30대는 '능력'과 '환경', 사회가 요구하는 '스펙', 거기에 더해 '운'이 따라주지 않는다면 절대로 얻지 못한다는 사실을 인식하게 된다. 그나마 젊다는 희망 하나로 살아갈 수 있는 시간마저도 그리 많지 않음을 깨닫게 되는 것이다.

사실 최악이다. 하지만 이 시기는 영·유아기에 제대로 좌절을 경험하지 못한 이들에게는 두 번째 기회가 되기도 한다. 즉, 다시 한 번 좌절을 경험함으로써 삶의 가치를 재정의할 수 있게 된다. 여기에 육체적 노화까지 서서히 느껴지기 시작한다. 그래서 많은 사람들에게

30대 중·후반은 특히나 힘들다.

좌절을 대하는 자세에 따라 삶이 바뀐다

평생 중요하다고 믿었던 가치들이 무너지고, 별다른 걱정을 하지 않았던 문제들이 현실로 나타남을 온몸으로 경험한다. 이때 돈, 건강, 노후, 자녀 교육, 가정, 연로하신 부모님의 모습 등등 많은 걱정거리들이 생겨난다. 그래서 이 시절엔 꿈도 사치가 된다.

준비된 사람들은 덜하겠지만, 대부분 여기에서 한두 개 정도는 치명적으로 큰 고민이 되기도 한다. 여기에서 2차 좌절이 시작된다. 해결될 걱정인 줄 알았는데, 해결될 가망이 없는 것임을 깨닫게 되는 것이다.

이어지는 40대는 본격적으로 좌절을 극복하는 과정이다. 그리고 좌절을 어떻게 대하는지에 따라 이후의 삶이 바뀐다. 하지만 모든 사람에게 좋은 결론이 나지는 않는다.

좌절을 대하는 현명한 방법 중 첫 번째는 좌절을 '인정'하고 받아들이는 것이다. 여기에 속하는 사람들은 시간이 갈수록 안정적이고 긍정적으로 변한다는 공통점이 있다. 그렇지만 실제로 이들 부류에 속하는 사람들은 매우 적다. 왜냐하면 인간의 자아는 원래 좌절을 절대적으로 부정하려고 하기 때문이다.

누가 자신의 삶이 낮게 평가받는 것을 받아들일 수 있겠는가. 정말 쉽지 않는 일이다. 이런 삶을 살기 위해서는 오랫동안 그것을 경험하면서 마음 훈련을 한 경우이거나, 큰 충격을 받고 다른 세상을 볼 줄 아는 마음을 가진 경우에 한정된다. 하지만 이런 사람들은 매우 드물다.

안정적이고 긍정적으로 보이는 사람들조차도 대부분은 좌절을 '받아들임'이 아닌 '조건부 타협'을 한 것에 불과하다. 즉, 특정한 조건이 만족되었기 때문에 그 수준에서 자신과 타협을 한 것이다. 이 경우가 좌절을 대하는 두 번째 방법으로, 첫 번째와 비슷해 보이지만 이들은 좌절을 '인정'이 아닌 '포기'하는 것으로 받아들인 사람들이다. 이들은 좌절을 처리했다는 점에서는 유사하지만 사실은 겁이 많고 유순해진다는 점에서 첫 번째와 다르다.

이는 좌절을 진심으로 받아들인 것이 아니라 자포자기의 심정이 되어 포기하는 것이다. 결국 자신을 억누르고 있는 환경에 굴복해 어쩔 수 없이 승복하는 것에 불과하다. 이것이 좌절을 받아들이지는 못해도, 그나마 마음 편하게 지낼 수 있는 가장 쉬운 방법이기 때문에 많은 이들이 취하는 태도이다. 심지어 어떤 이는 이러한 포기를 합리화하기 위해 부조리한 환경을 찬양하기까지 한다.

좌절을 대하는 세 번째 방법은 '외면'이다. 받아들이기도 힘들고, 포기하고 승복하기엔 자존심이 허락지 않는 사람들이 택하는 방법이다. 문제가 있어도 쳐다보지 않는 것이다. 요즘엔 이것을 위한 아주 많은 유용한 도구들이 있다.

사실 우리가 좌절 앞에 서는 순간에는 그것을 볼 수 있는 시간이 필요하다. 문제를 풀려면 먼저 문제를 읽어야 하기 때문이다. 그러니 문제를 읽지 않으면 그 문제를 풀 필요가 없다. 우리는 TV를 보면서, 스마트폰을 보면서, 각종 재미난 것들을 즐기면서 문제를 외면한다. 그리고 마치 자신이 전혀 좌절하지 않은 척하려고 한다. 쿨하게 보이고 싶어 하고 관심이 없는 척한다.

그럼에도 애써 외면했던 생각들이 문득문득 머릿속에 밀려온다. 사실 우리는 필사적으로 생각할 시간을 줄이려고 애쓴다. 이는 행복하려는 욕구와 맞아떨어진다. 그래서 최대한 재미있는 시간을 보내려고 애쓴다. 현대 사회의 기술 발전은 이 욕구에 적극적으로 부응한다. 우리는 자극을 원하고, 돈을 주면 자극을 얻을 수 있다.

마지막으로 좌절 자체를 '부정'하는 사람들이 있다. 이는 자존심에 의한 무조건적인 반발이다. 이로 인해 더욱 불안해지고, 고집스러워지며, 부정적으로 변한다. 이 부류 역시 많지는 않지만 나이를 먹을수록 고약해지는 특성이 있다. 이들에게 있어 좌절이란 말은 패배, 상처

등과 같이 좋지 않은 의미로만 인식되는 것이다.

앞의 네 가지 태도 중에서 첫 번째 태도가 가장 현명하다. 하지만 우리는 보통 우리 자신을 있는 그대로 보는 것을 매우 두려워하며, 그 누구도 벌거벗은 자신을 바라보려 하지 않는다. 그래서 우리는 지금까지 하지 않은 것들이, 안 한 것이 아니라 정말로 할 능력이 되지 않아서 못했음을, 그리고 운이 없어서 이루어내지 못한 것들이, 그 운조차도 하나의 능력임을 인정하는 것이 매우 힘들다.

좌절을 삶의 교훈으로 받아들이는 현명한 방법

사람은 행복하기 위해 산다. 따라서 자신에게 주어진 어떤 삶의 형태라도 행복하다면 비난하거나 잘못이라고 말할 필요가 없다. 모두 자신만의 삶인 것이다. 하지만 지금 행복하다는 이유만으로 자신에게 찾아온 더 큰 행복을 누릴 기회를 놓치게 된다면 이는 유감스러운 일이다.

특히 경험을 할 만큼 한 40대에 이르러서도 자신의 한계를 돌아볼 엄두를 못 내고 포기하거나 부정하게 되면, 그 자신이 어린 시절 지겹게 봐왔던 찌든 어른들의 모습이 되고 만다. 즉, 굴복해서 비겁하거나, 현실을 외면하거나, 혹은 한없이 고약한 모습이 되는 것이다. 좌절은 아프지만, 이를 어떻게 헤쳐나가느냐에 따라 삶을 제대로 바라볼 수 있는 기회가 될 수도 있다.

현명하게 사는 방법은 매우 단순하다. 자신이 이루지 못한 것을 포기하고, 반대로 자신이 조금이라도 잘하고 또 이미 이루어놓은 것을 바라보면서 살아가는 것이다. 그렇지 못한 사람들은 자신이 이룬 게 아니라 운이 좋아 얻은 것들을, 자신의 능력으로 환산해서 가치를 부여하고는 평생 연연해하면서 살게 된다. 그조차도 얻지 못한 이들은 평생 얻지 못한 것을 아쉬워하면서, 자신을 그렇게 만들었다고 믿는 사회에 대해 끝없는 적개심을 나타낸다.

이 얼마나 어리석은 태도인가. 왜 가진 것을 바로 보지 못하고 갖지 못한 것만을 쳐다볼까? 누구나 자신의 옆에는 평생에 걸쳐 소중히 간직해온 가치들이 있는데 말이다. 짜장면을 시켜놓고는 짬뽕을 먹는 옆 사람을 부러워할 필요가 있을까?

잠깐 시간이 난다면 자신의 소중한 것들을 한번 적어보자. 목숨과도 바꿀 수 있는 가치가 단 하나라도 있다면 우리는 충분히 좋은 삶을 산 것이다. 만약 그것이 없다면, 그것을 찾으려고 남은 삶 동안 노력해야 한다.

우리는 자신의 목숨을 돈과 명예, 권력과 바꿔서는 안된다는 것을 알고 있다. 그럴 만한 가치를 가진 것들은 돈이나 노력이 전혀 필요 없다. 그것은 지금 우리 옆에 있기 때문이다. 잘 생각해보면, 우리는 이미 생각보다 좋은 것들을 많이 가지고 있다.

PART
02

우리는 왜 그럴까?

세상을 안다는 것

빙고 : 인간, 궁금한 것이 있어.

나 : 뭔데?

빙고 : 내 이름은 왜 빙고야?

나 : 비밀이야.

빙고 : 말해줘.

나 : 꼭 알고 싶어?

빙고 : 응.

나 : 화내지 마.

빙고 : 당연하지.

나 : 실은…… '빙신 고양이'의 약자야.

빙고 : (빙고의 표정엔 변화가 없었지만 등의 털은 빳빳하게 섰다.)

왜 그 일이 나에게 일어난 것일까?

나 : 오늘 마음에 쏙 드는 여자를 우연하게 세 번이나 마주쳤어. 다음에 보면 말을 걸어볼까?

빙고 : 그 여자는 오늘 운 없게도 오징어처럼 생긴 남자를 세 번이나 마주쳤겠네.

한 남자가 암 선고를 받는다. 그런데 우습게도 그 남자는 암 치료 전문의였다. 그것도 꽤나 실력 있다고 알려진 사람이었다. 이 남자는 자신이 암에 걸렸다는 사실이 암에 걸려 죽을지도 모른다는 사실만큼이나 황당했다.

그는 나쁜 사람도 아니었고, 친절한 편이였으며, 배려심도 있었다. 그는 늘 자신의 환자인 암에 걸린 사람들에게 희망적으로 말하려고 애썼고, 심지어 너무 착한 것이 문제가 되어 자신의 친구에게 '착함 증후군'에 관한 비판을 듣는 사람이었다.

> 그런 그가 암에 걸렸다. 상대적으로 매우 못되고 이기적으로 살아온 친구는 아무 병도 걸리지 않았다. 암에 걸린 남자는 자신의 병을 받아들이지 못하고 이렇게 말을 한다. "왜 당신처럼 나쁘고 이기적인 사람들은 암에 걸리지 않고, 나처럼 착하게 산 사람이 암에 걸려야 하냐?" 그리고 "하필이면 그 많은 병 중에서 암 전문의인 내가 암에 걸렸어야 하냐?"고 소리친다.

미드 〈하우스〉 시즌 8 마지막 부분에 나오는, 암에 걸린 윌슨과 그의 절친 하우스 사이의 에피소드이다. 이 짧은 이야기는 삶이란 여정 중에서 만날 수 있는 수많은 역경이나 불운 중 하나를 접하게 되었을 때 우리가 나타낼 반응 중 하나를 묘사하고 있다. 이 경우는 그중에서도 꽤나 특이한 상황이다. 말 그대로 일어날 가능성이 매우 낮은 일이 일어난 것이다.

역경이나 불운은 사람마다 다르게 일어난다. 어떤 운 좋은 이들은 평생 이런 심각한 수준의 불운을 전혀 경험하지 않고 살기도 하고, 어떤 이는 남들은 하나만 겪어도 견디기 힘든 고통을 평생 몇 차례나 경험하기도 한다. 즉, 어떤 사람은 보통 사람은 한 번도 경험하기 힘든 번개를 여러 차례 맞기도 하고, 또 어떤 사람은 대형 사고 현장에서 몇 안 되는 생존자 명단에 끼기도 한다. 사실 그 현장에 있었다는 것도 아주 희박한 확률인데, 그곳에서 살아남기까지 한 것은 대단한 행운이기도 하다.

평범한 우리 역시 인생 전체를 보면 가끔 일어나기 힘든, 말 그대로 드라마에서나 나올 법한 일을 겪기도 한다. 죽을병에 걸리기도 하고, 목숨처럼 소중한 이의 죽음을 경험하기도 하고, 중요한 시험에서 불합격되기도 하고, 아이에게 돈이 들어갈 시기에 갑자기 해고되기도 한다. 또한 작은 오해들이 겹쳐 원치 않는 이별을 경험하기도 하고, 행복하려고 떠난 여행에서 강도를 당하기도 하며, 스포츠를 즐기다가 사고로 죽거나 심각한 부상을 입어 평생 장애를 안은 채 살기도 한다.

어느 날 어느 장소에서 우연히 일어나는 비극적인 사건은 때와 장소를 가리지 않고 우리의 삶을 심각하게 흔들어놓는다. 그래서 우리는 나름대로 대비를 한다. 보험을 들기도 하고, 심각한 병에 걸렸을 때를 대비해 자신을 돌봐줄 사람을 구해두기도 한다. 그럼에도 실제로 그런 일이 일어나게 되면 우리의 머릿속에는 같은 질문들이 계속 맴돈다.

'도대체 왜 이런 일이 나에게 일어난 것일까?'

'내가 무슨 잘못을 했기에 이런 벌을 받는 것일까?'

하지만 이 질문은 답을 낼 수 없다. 아무리 생각해도 그 일이 자신에게 일어난 것에는 아무 이유가 없기 때문이다. 남들은 잘만 다니는 길에서 차 사고를 당하거나, 똑같이 먹어도 혼자서만 탈이 나고, 뒤로 자빠져도 코가 깨진다. 심지어 담배도 안 피우는데 누구는 평생 피워도 안 걸리는 폐암에 걸리기도 하고, 술도 안 마시는데 간암에 걸리기도 한다.

같은 운이라 해도 행운은 환영받지만 불운은 배척당한다

'도대체 그 불운은 왜 나에게 일어나는 것일까?'

이 질문을 제대로 이해하기 위해 '불운'이란 단어를 '행운'으로 바꿔보자.

'왜 그 행운은 나에게 일어나는 것일까?'

'나는 무슨 착한 일을 했기에 이런 행운이 온 것일까?'

이렇게 바꿔서 생각해보니 문득 이 질문에 대해서는 생각해본 적이 거의 없었음을 깨닫는다.

우리들 대부분은 자신에게 일어난 행운에 대해선 당연하게 여길 뿐 깊이 생각하지 않는다. 이미 행운이 찾아와서 행복해졌는데 무엇을 생각하겠는가? 무엇인가를 분석하는 것은 실패한 자만이 하는 행동이다. 우린 원래 시험 문제를 복기할 때도 틀린 문제만 본다. 이미 맞춘 문제를 왜 다시 바라보려고 하겠는가?

그런데 이렇게 보니 재미있다. 우리는 왜 행운에 대해서는 이유를 따지지 않고, 불운에 대해서만 이유를 따지고 싶어 할까?

불운이 일어나는 것도 확률이고, 행운이 일어나는 것도 확률이다. 그런데 우리들 대부분은 자신에게 일어난 행운이 스스로 노력해서 얻어진 것이라고 믿고 산다. 그것이 행운의 상징이라고 알려진 복권 당첨이라고 해도 마찬가지다. 적어도 돈을 주고 복권을 샀기에 복권에 당첨될 수 있는 것이 아닌가. 그래서 자신에게 다가온 행운을 단지 행운이라고만 여기지 않는다. 이것은 모두 어떤 식이든 노력의 결과인 것이다.

우리의 머릿속엔, 어떤 것을 얻기 위해 한 행동의 결과는 그것을 예상대로 얻어야 하는 것으로 정의되어 있다. 즉, 우리가 대학을 가기 위해 공부를 했다면 원하는 대학에 들어가야 정상이라고 믿는다. 반대로 대학에 들어가지 못하면 그것을 비정상적인 상황이라고 생각한다.

이것은 이유 없이 찾아온 행운이나 불운을 어떤 태도로 바라보는지에 대한 좋은 힌트가 된다. 우리는 자신에게 이로운 것은 정상적이라고 믿고, 해로운 것은 비정상적이라고 믿길 좋아한다.

덕분에 행운의 이유에 대해서는 생각하지 않고 산다. 하지만 이 단어가 불운으로 바뀌는 순간 그것에 대해서 생각해야 한다. 그리고 그 이유를 알아야 미래의 불행을 예방할 수 있다고 믿는다. 왜냐하면 우리는 실수를 통해 배우는 존재이기 때문이다. 그 불운이 가져온 영향력이 크면 클수록 더욱 그것에 대해 생각하게 된다. 우리 삶을 크게 뒤흔드는 불운이라면 심각하게 그것에 대해 생각하게 되는 것이다. 반대로 삶을 좋게 해주는 행운이라면 생각 자체를 할 필요가 없다.

우리는 행운이 찾아왔을 땐 그 행운을 즐기고자 파티를 하고, 사람을 만나서 그 행운을 같이 공감하려고 하고, 잠자리에 들어서도 웃게 된다. 반대로 불운이 찾아왔을 땐 누군가에게 말할 기분도 아니고, 말하고 싶지도 않아 한다. 잠자기 전 머릿속에는 그 불운이 계속 맴돌아 잠도 편히 못 자는 불행까지 추가된다.

원하든 원치 않든, 생각을 하니 그 불운에 대한 원인을 알게 된다. 그 원인은 반드시 사실일 필요도 없고, 제대로 된 분석일 필요도 없다. 예컨대 길을 걷다가 웅덩이에 빠져 큰 부상을 입었다면, 웅덩이를 관리하지 못한 도시의 책임자가 그 원인이라고 주장해도 된다.

모든 불운을 이런 식으로 생각하면 원인을 찾을 수 있다. 도저히 근거를 찾을 수 없는 불운이라고 해도 원인을 찾아내야만 마음이 편해지기 때문에 이것은 누구도 피할 수 없는 과정이다. 이는 불운에 대한 포기 등이 자신의 잘못이 아니라고 믿고 싶어 하는 심리에서 벌어지는 현상이다.

자연재해와 같이 개인의 힘으로는 안 되는 일이 일어났다면 포기하는 것이 편하고, 설령 자신의 실수로 일어난 일이라고 해 자신의 잘못보다는 다른 환경의 문제가 크다고 믿고 싶어 하는 것이다.

어느 날 아침에 아무 생각 없이 양말을 신은 채 샌들을 신고 밖에 나갔는데, 그날따라 비가 내려 양말이 모두 젖고 말았다. 양말을 신은 채 구멍 뚫린 샌들을 신고 나갔기 때문에 젖은 것이지만, 이때 우리는 비가 오는 것을 예측하지 못한 기상청을 욕한다.

이는 누구의 잘못도 아닌 어떤 우연한 사건이 겹쳐져서 나쁜 결과를 만들어낸 것뿐이다. 그럼에도 우리는 좋지 않은 사건이 일어나게 되면 그 원인을 찾으려고 애쓰고, 결론은 대부분 내가 아닌 다른 사람이나 환경으로 몰아가려고 애쓴다. 그리고 실제로도 그렇게 된다.

하지만 좀더 깊이 행운과 불운의 속성을 이해하는 순간, 우리는 왜 그 일이 나에게 일어난 것인지에 대해서 전혀 다른 이해를 할 수 있게 된다. 이 말은 답을 의미하는 것이 아니다. 이 설명은 단지 그런 순간에 그런 질문을 던질 필요가 없음을 알려주고 있을 뿐이다.

그렇다. 사실 그 질문은 원래 할 필요가 없는 것이었다. 행운이든 불운이든 상관없이 그 일이 나에게 일어난 것은 그저 이 우주에서 우연하게 일어난 셀 수 없이 많은 사건들 중 하나일 뿐이다. 단지 그것이 개인이 감당하기엔 큰 사고였고, 또한 그것이 남이 아닌 나에게 일어난 것이 문제일 뿐이다. 이 사고의 흐름을 좀더 진행시키면 인간의 삶 자체가 완전한 운이란 것도 알게 된다.

인간에게 운이 아닌 것은 사실 찾아보기 힘들다

우리의 삶은 타고난 능력과 환경에 의해 많은 부분이 결정된다. 두뇌가 뛰어난 이는 머리를 쓰는 삶을 살게 되고, 육체적 능력이 뛰어난 이는 신체적 능력을 발휘하는 분야로 진출한다.

또 누군가는 부잣집에서 뛰어난 두뇌를 가지고 태어나고, 얼굴도 잘생긴데다 성격도 좋고, 운동도 잘하며, 성인이 된 후의 인생도 잘 풀렸고, 좋은 배우자를 만나 평생을 별다른 걱정 없이 행복하게 살아간다. 반대로 어떤 이는 가난한 집에서 태어나 머리도 나쁘고, 신체 능력도 좋지 않으며, 얼굴까지 못생겼고, 정규 교육만 겨우 받은 채 딱히 할 일이 없어 평생을 빈둥대다 결혼도 못해보고 죽기도 한다.

이런 차이는 어떤 집안에서 어떤 유전자를 갖고 태어났느냐에 달렸다. 이 유전자는 우리들이 임의로 선택할 수 있는 것이 아니다.

우리는 모두 지구상에서 살아가는 사람이지만, 서유럽의 자유로운 나라에서 태어난 사람은 자신이 좋아하는 일을 하며 살아가기도 하고, 아프리카의 비참한 전쟁터에서 태어난 사람은 겨우 열다섯의 나이에 총을 쥐고 사람을 죽이는 일을 하다가 스무 살도 안 되어 생을 마감하기도 한다.

어떤 시대를 타고났느냐도 매우 중요하다. 조선시대에 태어난 노래 잘하는 사람은 광대놀이패에 섞여 전국을 떠돌아다니겠지만, 21세기에 태어난 대한민국의 가수는 많은 돈을 벌어 호화로운 삶을 살기도 한다. 같은 능력을 가지고 태어났다고 해도 태어난 시기에 따라 전혀 다른 삶을 사는 것이다.

이렇듯 사람은 제각각 자신의 타고난 운에 따라 삶을 산다고 봐야 한다. 그런데 이렇게 생각하다 보면 노력이란 요소가 무의미해지기에 이것을 부정하고 싶어진다. 우리는 노력을 통해서 일어나기 힘든 일도 일어나게 할 수 있기 때문이다. 어떤 면에서 노력은 인간에게 벗어날 수 없는 그물처럼 드리워진 운의 영향력을 벗어나게 해주는 유일한 도구인 듯 보인다. 하지만 안타깝게도 이 '노력을 하는 성격'도 운으로 생성되었다는 점을 기억해야 한다.

노력을 하는 정도는 사람마다 모두 다르다. 노력을 잘하는 사람이 되고 싶어 노력한다는 것은 말 자체가 어불성설이다. 우리는 다들 노력을 하고 사는 사람을 원하지만, 노력을 하는 것 자체가 이미 타고났기 때문에 그것을 바꾸기란 불가능하다. 요즘 회자되는 말로 '경력 있는 신입사원'을 뽑는 격이다.

물론 후천적으로 개발되는 성격적 특징을 통해서 운에 좌지우지되지 않는 면이 있다고 말하고 싶은 사람도 있을 것이다. 그런데 그 후천적으로 개발되는 특징을 얻기 위해서는 과연 어떤 환경에 놓여야 할까?

아프리카 오지에서 태어나 평생 제대로 된 교육 한 번 받아보지 못하고 죽은 사람과, 선진국에서 태어나 좋은 교육을 받은 사람은 도대체 무슨 차이로 인해 그렇게 다른 삶을 살아가게 될까? 지역, 인종, 시대, 두뇌, 육체도 타고나고, 그나마 후천적이라고 볼 수 있는 '노력하는 성격' 자체도 타고났는데, 도대체 우리가 선택할 수 있는 것은 무엇일까?

노력에 대한 착각은 흔히 일어나는 편이다. 어려운 가정에서 태어나 남들만큼 좋은 과외를 받지는 못했어도, 뛰어난 머리와 끈기로 좋은 대학을 졸업한 후 사회적으로 성공한 이들은 노력의 중요성을 강조하겠지만, 자신이 가진 '노력하는 성격'이라는 타고난 재능은 간과한다. 가난이나 좋지 않은 가정 상황은 불운으로 가정하면서, 그것을 벗어나게 해준 '좋은 머리'와 '노력하는 성격'은 타고난 것이 아니라 자신의 의지인 양 여기는 것이다. 여기에서 '좋은 머리'나 '노력하는 성격' 둘 중 하나만 부족해도 그는 전혀 다른 삶을 살았을 텐데 말이다.

그가 어른이 된 후 갖게 된 모든 욕망은 어린 시절 못 먹은 아이스크림이나, 자신의 초라한 외모에 대한 아이들의 비웃음으로 인해 만들어졌을 수도 있다. 그래서 권력을 원하고, 많은 돈을 원하고, 사회적 성공을 원하게 됐을지도 모른다. 그렇지만 그는 어린 시절 받은 상처로 인해 그렇게 되었다고 생각하지 않는다. 대중들도 그의 생각에 동의한다. 그리하여 사회적으로 성공한 그는 모든 것이 노력의 결과라고 부르짖고, 대중들은 그의 노력과 성공에 뜨거운 박수를 보낼 것이다.

하지만 그는 놀고 싶은 것을 참고, 자고 싶은 것을 참으면서 노력하는 자신의 타고난 성격과 욕망하고 추구하는 욕구가 남들에 비해 강화되어 있다는 점을 이해하지 못한다. 그래서 그는 자신처럼 노력하지 않는 자들을 모두 게으르다고 비난한다.

그러나 정작 알아야 할 것은, 다른 이들은 그가 가진 만큼의 욕망을 가지고 있지 않으며, 그와 같은 성격을 지닌 사람들이 아니란 점이다. 특별한 이는 자신이지 남들이 아니다. 만약 모든 이들이 그만큼 노력하는 성향을 가졌다면 그는 성공하기가 더 힘들었을 것이다. 어떤 면에서 보면 다른 이들의 게으름이 그에게 큰 도움을 준 것이다.

미국 NBA에서 농구의 황제라고 불렸던 마이클 조던은 아버지가 당한 불운한 사건(조던의 이름을 달고 나온 유명한 신발을 살 돈을 얻기 위해, 강도들이 조던의 아버지를 살해한 사건)의 충격으로 농구 선수를 은퇴하고 아버지가 원했던 야구 선수의 꿈을 이루기 위해 2년간 야구를 한 적이 있다. 하지만 그 대단한 운동 신경으로도 야구에서는 마이너리그에서조차 두각을 나타내지 못했다. 그는 후발주자로서 엄청난 노력을 했지만 그의 재능은 야구장이 아닌 농구장에 더 잘 맞았

우리 사회는 노력하는 사람이 되기 위해서
노력하라고 강요하고 있는 중이다.

다. 2년 후 NBA로 돌아왔을 때 그는 다시 황제가 되었다.

이렇듯 특정한 능력을 타고났다고 해도, 시기와 장소와 상황이 적절히 어울려주지 않는다면 제대로 작동되지 않는다. 타고난 것과 또 다른 운들이 겹쳐서 최종 결과를 만들어내는 것이다.

우리는 노력을 운과 다른 것으로 믿지만, 노력 자체도 운에 불과하다

사실 그렇기 때문에 인생은 무엇인가 의미가 있다고 말하는 이들이나, 인생을 어떤 의지로 극복할 수 있다는 사람들의 말을 믿을 필요가 없다. 인생이 어떤 의미가 있다면 우리들은 그 의미를 의심하지도 않을 것이다. 인생을 타고난 의지로 극복할 수 있다면, 우리는 그 의지를 실현할 능력을 가지고 있을 테니 현재 상태가 바로 자신에게 있어서 최고의 노력을 기울인 최선의 상태인 것이다.

이런 조언은 자신이 가진 재능이 얼마나 뛰어난지를 모르는 사람들에게만 의미가 있다. 뛰어난 노래 실력을 가졌지만 가수가 되길 두려워하는 사람이나, 다른 분야를 가면 훨씬 더 중요한 사람이 될 수 있는 자질을 가진 사람이 그 길을 가지 않고 있다면 좋은 조언이 된다. 하지만 대다수의 사람들은 자신이 가진 패를 거의 다 알고 있다.

때문에 사람들의 조언은 재능을 타고난 이들에게만 유효할 뿐이다. 그들처럼 뛰어난 능력을 가지고 있지 못하거나, 강한 성격을 타고난 사람이 아니라면 그들의 이야기는 그저 듣기 좋은 말일 뿐이다.

어린 시절 어려움을 극복하고 삶에 성공한 사람들의 이야기는 그렇지 못한 이들에게 감동이나 영감을 주지만, 그런 어려움을 겪는 대부분의 사람들은 암울한 삶을 살다가 생을 마치는 경우가 더 흔하다.

인생의 성공 기준이나 목표, 사는 이유 모두 각자의 생각과 경험에 따라 달라질 것이며, 왜 사는지, 어떻게 살아야 할지 역시도 각자가 답을 내야 한다. 이런 것조차 어떤 환경에서 자랐고, 어떤 교육을 받았으며, 살아오면서 누구에게 영향을 받았는지에 따라 달라진다.

이런 다양함 속에서도 꼭 기억해야 할 점은, 그 모든 사실은 우리의 의지나 의도가 아닌 어떤 흐름에 의해 우연히 나타난 결과라는 점이다. 물론 성공한 사람들은 이 사실을 잘 받아들이지 못한다. 성공할수록 그것을 자신의 능력으로 생각하고 싶어 하기 때문이다. 그럼에도 그것이 운으로 인해 얻어진 것이라는 점을 인정하지 못하면, 언젠가 불운한 사건이 일어났을 때 암에 걸린 암 전문의처럼 소리를 치게 될 것이다.

물론 매우 어려운 일이다. 그럼에도 평생에 걸쳐 받아들이려고 노력해야 할 것들 중 하나이다. 이것을 받아들이면 삶을 전혀 다른 시야로 보는 계기가 될 수 있다. 물론 이것은 각자의 선택이겠지만 말이다.

진정 남을 위해 사는 사람은 없다

나 : 너는 말만 많고, 내가 일해서 사준 사료로 먹고살면서 왜 그리 나한테 삐딱해?

빙고 : 네가 좋아서 하는 일이잖아.

나 : 무슨 소리야? 나는 너를 위해서 하는 거야.

빙고 : 빙고!

나 : (나는 갑작스러운 빙고의 대답을 이해할 수 없었다. 하지만 왠지 더 묻기가 싫었다.)

가끔 자신의 삶보다 남을 위해 사는 듯 보이는 사람들이 있다. 사랑하는 아이를 위해 온갖 고난을 마다하지 않는 부모들도 있고, 생면부지인 아이들을 위해 봉사 활동을 하는 분들도 있다.

그러나 냉정하게 들리겠지만, 남을 위해 사는 사람은 단 한 명도 없다. 그들이 소중한 이들을 위해서 산다고 할 때 고개를 끄덕일 수는 있을지 몰라도 정말로 맞는 말이라고 인정해줄 수는 없다. 그들의 숭고한 희생은 남을 위해 사는 것 같아 보이지만, 그런 삶이 자신을 행복하게 해주니까 하는 것이다. 이 세상에 자신이 불행하기 위해서 사는 사람은 단 한 명도 없다. 만약 있다면, 이미 죽었을 것이다.

물론 이런 판단은 우리를 슬프게 한다. 우리 인간들은 적어도 자신이 아닌 남을 위해 살 수 있는 존재라고 믿고 싶어 한다. 그래서 "인간답다", "인간적이다"라는 말을 통해서 자신의 이득만을 위해서 사는 존재가 아니고 싶어 한다.

이것을 믿고 사는 것도 큰 문제가 되지 않는다. 하지만 이 착각은 나중에 큰 문제를 일으킬 수 있다. 자신의 행동이 다른 이를 위해서 했다고 생각하게 되면, 우리는 그것에 대한 권리를 주장하기 때문이다. 다 큰 아이를 내려놓지 못하는 부모의 모습이 가장 흔한 예다.

좀더 명확히 이해하기 위해 남을 위하는 삶을 산다는 사람과 나를 위해 산다는 유형의 삶을 비교함으로써 과연 우리가 무엇을 착각하고 사는지를 알아보도록 하자.

이기적 이타심, 진정 타인을 위한 삶은 없다

주부 A씨는 고등학교, 중학교에 다니는 두 아이의 엄마다. 젊은 시절 그녀는 나름 멋도 내고 예쁘다는 소리도 들었다. 하지만 그녀가 결혼해서 18년이 흘렀다. 25세에 결혼을 했으니 벌써 43세가 되어 그런 기억은 빛바랜 사진에만 남아 있다. 초기엔 잠깐 맞벌이를 했지만, 16년 이상 집에서 살림만 한 탓에 지금은 전형적인 전업주부의 모습이다.

어느 날 그녀는 큰맘 먹고 백화점에 갔다. 그리고 이것저것 맘에 드는 옷을 사갖고 집으로 돌아왔다. 오랜만에 쇼핑을 한 탓에 기분이 한껏 좋아졌다. 역시 이 맛에 쇼핑을 하는 거라고 생각했다.

집에 와서 사온 옷을 펼쳐보니 남편 옷 2벌, 아이들 옷 각각 2벌씩 총 6벌이었다. 원래는 자신의 옷을 사러 갔던 길인데 집에 와보니 자신이 아닌 가족의 옷만 사가지고 온 것이다. 황당하기도 했지만 이게 다 행복이란 생각에 다시금 웃음이 지어졌다.

주부 B씨도 역시 전업주부이며, 두 아이의 엄마이고, 백화점을 즐겨 찾는다. 그렇다고 해서 그녀가 A씨처럼 남편과 아이들 옷을 사는 것은 아니다. 이번 주말에 있을 동창회에 입고 갈 예쁜 봄 원피스 한 벌을 사기 위해서였다. 그녀는 이 옷을 사기 위해 한 달 이상 남편과 실랑이를 했다. 남편에게 새로 나온 아이패드를 살 수 있도록 허가해주고 자신은 옷 한 벌 사기로 일종의 협약을 맺은 것이다.

3시간가량을 돌아다닌 끝에 예쁜 원피스 한 벌을 발견하고는 조금 비쌌지만 카드로 계산하고 나왔다. 집에 와서 옷을 입은 자신의 모습을 전신거울에 비춰보니 주말에 만날 동창들의 모습이 눈에 훤하다. 특히 남편이 요즘 돈 좀 벌었다고 명품으로 치장하고 다니는 명숙이 년의 얼굴이 머리에 떠올랐다. 생긴 건 무슨 불도그처럼 생긴 것이 명품만 걸치면 진주가 되는 줄 안다.

이번에 산 원피스를 입고 나가면 몸매는 비록 40대지만 아직은 봐줄 만한 얼굴로 동창회에 온 친구들의 관심을 끌어줄 게 분명하다. 그녀는 상상만으로도 행복해서 자기도 모르게 얼굴에 미소가 번져나왔다.

그리고 옷을 벗어 개어놓고 근처 시장에 있는 옷 가게에서 남편 옷과 애들 옷을 조금 샀다. 남편은 워낙 이런 데 관심이 없어서 대충 사줘도 잘 입는다.

단순하고 전형적인 예 두 가지를 들었다. 된장녀에 대한 이야기가 아니니 둘이 어떤 이유로 돈을 썼는지는 따지지 말자. A씨는 자신보다는 가족을, B씨는 가족보다는 자신을 위해 돈을 썼다. 우리 삶의 목표가 행복에 있다고 친다면 누가 더 행복한 것일까? A씨일까, B씨일까? 물론 답은 없다. 똑같이 행복할 수도 있다.

A씨는 가족을 위해 자신을 희생하고, 그들을 위해 자신이 할 수 있는 일을 하면서 행복감을 느끼는 성격이다. 가족들에게 자신의 삶을 투영시키면서 그들이 잘되면 자신이 잘되는 듯한 느낌을 받아 행복한 것이다. 남편이나 자녀가 밖에서 잘되고 좋은 소리를 들으면 그녀 역시 그런 것처럼 느낀다. 자녀들이 커가면서 그녀의 범위를 가끔 벗어나는 듯한 느낌을 받긴 하지만 아직까지는 그녀를 필요로 하며, 남편도 역시 자신의 가정을 지켜주는 존재로서 그녀가 늘 잘해야 할 대상이다. 그녀는 가끔 주변에서 남의 집 자녀들이 독립할 때의 모습을 보며 불안함을 느끼기도 한다. 그들이 떠나고 나면 자신의 삶을 지탱해줄 것은 무엇일까?

B씨에게 가족은 그냥 가족이다. 자신의 삶을 더 잘살게 해줄 사람들이며, 자신을 더욱 행복하게 해줄 존재들이다. 물론 자녀에 대해서는 모성애가 있기 때문에 남편처럼 경제적 책임만을 지는 존재가 아닌 자신이 돌봐야 할 존재이긴 하지만, 그래도 자신은 자신이고 자식은 자식이다. 그래서 어느 정도 자녀들이 스스로 살아갈 나이가 될 때까지만 보살펴줄 것이고, 특히 자녀들이 결혼을 하면 홀가분하게 자신의 삶을 즐길 계획이다. 주변 지인들처럼 손자 보면서 자녀 뒷바라지하는 그런 모습으로 늙어가긴 너무 싫다. 그냥 그녀는 자신이 좋아하는 맛난 것을 먹고, 좋은 것을 구경하고, 예쁜 옷을 사면서 살 계획이다.

객관적으로 보자면 A씨는 이타적인 성격이고, B씨는 이기적인 성격이라고 말할 수 있다. 가정을 위해 자신을 희생하는 삶이나 자신을 위해 가정을 유지하는 삶을 살고 있는 것이다. 하지만 조금 관점을 바꿔서 생각해보자. A씨가 만약 그 대상이 자신의 가족이 아니라고 해도 그렇게 행동할까? 우리는 그렇지 않음을 알고 있다.

정확히 말해서 A씨는 그 대상이 자신의 가족이기에 그런 행동을 한다. 그녀가 가족을 위해 그렇게 사는 이유는, 바로 가족이 자신과 운명 공동체라고 느끼기 때문이다. 즉, 그녀는 가족과 자신을 분리해서 보지 않는다. 그래서 가족의 행복이 자신의 행복이 된다. 이것은 그녀가 이기적인 범위를 가족으로 확대한 것일 뿐이다.

반면 B씨는 결혼 후에도 여전히 이득 범위가 자신에 머무른다. 그녀에게 가족은 그냥 가족일 뿐이다. 물론 생활이나 기타 여러 가지 부분에서 가족은 유용한 존재일 것이다. 그렇지만 말 그대로 유용하고 필요한 존재라는 뜻이다.

따라서 실제로는 둘 다 이기적인 삶이다. 그것이 가족 이기주의냐, 개인 이기주의냐의 범주만 다를 뿐이다. 어떤 상황에서는 B씨가 A씨보다 더 이타적일 수 있다. 자기 가정만을 최고로 아는 것이 아니라서, 성향에 따라 가족 이외 타인들의 삶에도 약간의 관심은 있을 수 있으니 말이다.

나는 남이 될 수는 없다.
나는 남과 관계를 맺을 뿐이다

우리 사회에는 A씨처럼 살아가는 사람들이 참 많다. 그들 중 대부분은 자신이 가족을 위해 희생했다고 생각한다. 하지만 잘 생각해보자. 정말 희생한 것인가? 자신을 행복하게 해줄 다른 대상이 없어서 가족의 즐거움을 행복 요소로 생각하는 것은 아닐까?

어떤 사람들은 맛난 것을 먹는 것이 행복하고, 어떤 사람들은 자신이 만든 것을 맛있게 먹어주면 행복해한다. 둘 다 행복하다는 공통 요소는 있지만 하나는 스스로 행복을 느끼고, 하나는 남이 행복해하는 모습을 보고 행복을 느낀다. 그래서 둘 다 있어야 한다. 만약 어느 한쪽만 있으면 누구나 음식만 만들거나, 누구나 음식을 먹으려 할 테니까 말이다. 이것은 단지 맛난 것을 먹을 때 행복해하는 성격인가, 아니면 자신의 존재감을 느낄 때 행복해하는 성격인가에 따른 차이일 뿐이다.

악당이 있어야 선한 자가 돋보이듯, 이런 사람들이 있어야 이타적으로 평가되는 사람들이 있게 된다. 누구에게 잘해주고 싶어도 잘해줄 사람이 없다면 이타적이 될 수 없다. 남을 위해 살아온 사람은 그 남이라는 존재가 자신을 배신하거나, 결혼한 자녀들처럼 곁을 떠나게 되면 상실감에 휩싸여 우울증이 올 수도 있다. 가족을 위해서 직장 생활을 한다고 말하는 가장들 역시 마찬가지다. 직장에서 받은 스트레스를 가족에게 푼다면 과연 이 사람은 가정을 위해서 무엇을 하고 있는 것일까?

우리는 모여 산다. 우리는 무리 지어 사는 것이 익숙하고, 그래서 가족 단위, 친구 단위 등등의 수많은 모임을 가진다. 하지만 그 모든 것은 유동적이다. 가족은 시간에 따라 흩어지고, 친구들 모임은 살아가는 모습에 따라 분리되어간다. 결국엔 방 안의 화장대 앞에서 늙고 지친 표정으로 거울을 바라보는 존재가 되고 만다. 그럼 어떻게 살아야 하나?

혼자 행복을 느낄 수 있는 훈련을 해야 한다. TV를 보면서 행복해하고 가족 구성원의 잘된 모습을 보고 행복해했다간, 시간이 흘러 그들의 허상을 경험하고 나면 급격하게 나락으로 떨어질지도 모른다. 그렇다고 해서 B씨처럼 가족보다 내가 우선이라는 식으로 살아갈 필요는 없다.

자신에게는 아무런 투자도 하지 않고 오직 가족을 위해 헌신해온 사람은 가능하다면 그 태도를 바꿔야 한다. 무엇이든 자신을 위해 쓰는 훈련을 해놔야 훗날 모두 자신들의 삶을 향해 떠날 때 버텨낼 수 있다. 우리는 진정으로 우리 자신을 소중히 여기고 더 많은 관심을 가져줘야 한다.

우리가 평소에 나누는 대화 내용을 살펴보면 '나'는 늘 빠져 있다.

드라마 속 주인공 이야기를 하고, 연예인의 사생활을 이야기하고, 정치인들에 대한 평가를 하고, 사회적으로 유명해진 사건을 이야기하고, 시댁을 흉보거나 직장 상사를 씹는 이야기를 하지만, 거기에 나 자신은 없다. 위에서 나열된 것들이 우리가 나누는 대화의 대부분을 차지하고 있지만, 그 속 어디에도 나는 없다. 이 세상에서 가장 소중한 존재는 나 자신인데, 우리는 다른 이들에 대해 이야기하느라 나 자신에 대한 이야기를 할 틈이 없다.

우리는 이렇게 남에 대한 이야기를 하면서 가장 소중한 자신에게는 관심이 없다. 나하고는 전혀 관련 없는 다른 사람에 대해서 관심을 가지고, 판단하고, 비판한다. 물론 사회의 건강함을 위해서 어느 정도 관심을 갖는 것은 필요하다. 하지만 나 자신과 남에 대한 관심이 균형이 맞질 않는다는 게 문제다. 무심한 자신에 대해서는 아무것도 이해하지 못해서 무엇을 하고 살아야 행복한지, 그것을 하면 왜 행복한지조차 모르고 살아간다.

우리는 좀더 나 자신에 대해 알려고 해야 한다

무엇인가를 알기 위해서는 관심을 가지고 지켜봐야 한다. 자신을 알고 싶다면 자신을 바라봐야 한다. 우리는 자신을 바라볼 필요가 없을 만큼 의미 없는 존재인가?

당연히 아니다. 누구에게나 나 자신은 세상에서 가장 소중한 존재이다. 그런 만큼 자신에게 관심을 가져야 하고, 자신에 대해서 다른 이들과 대화를 나눠야 한다. 이를 고민 상담이나, 혹은 자신의 치부를 드러내는 일이라고 생각하지 말아야 한다. 물론 신뢰할 수 없는 사람들은 그것을 이용할 것이다. 그러면 남들과 대화하지 말고 스스로와 대화를 해야 한다. 즉, 자신을 살펴보는 생각하는 시간을 가져야 한다는 말이다.

대화는 문제점을 파악하는 데 효율적인 수단이다. 하지만 현실적으로 자신에 대한 대화를 나눌 수 있을 만큼 신뢰할 수 있는 사람을 갖기란 쉽지 않다. 그나마 부부는 정말로 좋은 상대이다. 지금까지 부부간의 대화라는 게 지인들과 나눴던 대화 내용에 시댁, 친정, 친척 그리고 아이에 대한 이야기만 더해진 게 전부였을 것이다. 하지만 부부는 '나'에 대한 대화를 시도해볼 최적의 상대임엔 분명하다.

개인의 행복은 훈련하기 나름이다. 우리가 즐기고 행복해하는 그 모든 것은 엄마 뱃속에서 본능적으로 알고 태어난 것이 아니다. 먹고, 자고, 싸고 하는 본능적인 것들은 그렇다고 해도, 세상은 아는 만큼 보이고 이해하는 만큼 재미있는 것이다.

아무것도 모를 때 하늘의 별을 보는 것보다 별자리를 알고 밝은 별의 이름을 안다면 훨씬 재미있고 행복할 것이다. 모르는 클래식을 아무리 들어도 '좋은 음악이다' 정도 이상 무엇을 느끼겠는가? 그 곡의 작곡가를 기억하고, 그 사람의 삶을 이해한다면, 그리고 그 곡이 어떻게 써졌는지를 안다면 이해하고 즐기는 깊이가 훨씬 깊어지지 않을까?

우리가 삶 속에서 느끼는 많은 것들은 그 자체가 아닌 부여된 의미이다. 대상을 알고 이해하면서 훨씬 깊은 감정을 느낄 수 있다는 뜻이다. 그래서 연습할수록 더 큰 행복을 얻을 수 있다. 행복은 그냥 오는 것이 아니라 스스로 만들어가는 것이기 때문이다.

남을 위해 살아왔다고 자부하는 이들, 아내 · 남편 · 아이에 대한 이야기를 좀 멈추고 자신에 대해 이야기해보자. 자신의 행복을 위해 조금 더 투자하자. 그것이 자신을 진정으로 사랑하는 삶이다.

남들과 같은 전형적인 삶은 무조건 나쁜가?

나 : 넌 왜 내 친구들이 오면 다른 고양이들처럼 야옹거리기만 해? 친구들이 나에게 헛소리만 한다고 하잖아.

빙고 : 사람들은 내가 말을 하면, 내가 무슨 말을 하는지 듣는 것이 아니라 고양이가 말을 한다는 것만 신기해하거든.

세상에는 다양한 종류의 사람들이 있다. 그 다양한 사람들 중에는 '나는 무엇인가', '나는 왜 존재하는가'에 대한 답을 알고 싶어 하는 사람들도 있다. 보통 이런 질문을 가지고 직업으로 삼는 사람을 철학자라고 부른다.

그런데 이런 생각도 든다. 우리가 누구인지, 왜 존재하는지 궁금해하는 이유는 뭘까? 가장 큰 이유는 자신의 존재에 대한 타당성을 알고 싶어서일 것이다. 아니, 알고 싶다기보다는 증명받고 싶다는 것이 맞는 표현일 것이다. 그래서 우리는 철학, 과학, 종교 등을 통해 그것을 알아내려고 한다.

그런데 이런 노력과 그것들이 이루어낸 성과와는 상관없이 우리 스스로의 삶을 돌이켜보자. 과연 삶이라는 과정 속에서 답을 아는 것이 중요한 일일까?

우리가 왜 존재하는지 꼭 알아야 할 필요가 있을까?

인간은 행복하기 위해서 산다. 하지만 주변 사람들, 또는 모르는 이들을 통한 간접 경험에 비춰보면, 정말로 인류가 오랫동안 찾아온 자기 존재에 대한 답을 아는 것이 행복한 삶과는 아무런 연관이 없음을 느낄 수 있다.

대부분의 사람들은 그냥 살아간다. 왜 살아야 하는지는 몰라도 잘 살아간다. 누가 만들었는지도 모르는 공식에 따라 전형적인 삶으로 살아간다. 그렇게 살아도 행복하다. 누군가 나에게 대한민국에서 살아갈 사람의 인생을 정의해보라고 한다면 이렇게 말할 수 있을 것 같다.

> 태어나고 자라서 학교에 다닌다. 졸업 후 취직해서 돈 벌다가 결혼을 한다. 일단 결혼을 하고 난 후에는 사람에 따라서 아이를 낳을지 말지 고민하다가 낳기도 하고 안 낳기도 하고, 낳았다면 아이를 키우고 살다가, 나이 먹고, 아이 결혼시키고, 손주

보여달라고 하다가, 손주 본다.

만약 아이를 안 낳으면 부부만의 취미를 열심히 개발하고, 혹은 심심하지 않게 다른 이들과 어울리면서 살다가, 가끔 아이를 낳을걸 하고 후회도 하면서 나이를 먹는다. 어떤 삶을 선택하든 상관없이 나이를 먹을수록 몸은 점점 더 아프고, 또 이렇게 많은 곳이 아프다 보면 결국 죽는다.

이것이 인생의 정의는 아니다. 인생의 전형적인 흐름을 묘사한 것뿐이다. 이것 외에 뭔가 다른 형태로 인생을 정의할 수 있을까? 이것이 진짜 현실이고, 어쩌면 과거에 내려진 모든 인간에 대한 정의보다 훨씬 정확할지도 모른다.

그래서 과거 철학자들이 내린 인간에 대한 정의나, 21세기 인간이 화성에서 생명체의 존재를 찾아 헤매는 것은 정말로 쓸데없는 짓일지도 모른다. 대부분 이렇게 존재의 정의와는 상관없이 단 몇 줄로 모두 표현되는 삶을 살아간다.

나 역시도 저 과정에서 몇몇 단어만 빠졌을 뿐 별 차이가 없다. 세상엔 매우 특이한 삶을 사는 이들도 존재한다. 하지만 그들의 수는 너무 적고 눈에 보이지 않는다. 가끔 TV 속에서나 특별한 삶을 사는 사람들로 소개될 뿐이다.

우린 어려서부터 남들과 다름이 얼마나 큰 문제인지를 교육받고

우리는 행복하지 못할 때 왜 사는지 궁금해한다.

자란다. 왼손잡이, 학교 교육, 학원, 취직할 기업, 결혼 절차, 아파트에 대한 집착, 삶의 필수가 된 아이, 가야 할 것 같은 해외여행, 그리고 무엇보다도 중요한 돈이 '다름'의 기준이 된다.

원래 다름이란 것은 사람과 사람의 차이인데, 우리는 다름을 틀림으로 간주한다. 그 기준은 자신이다. 자신은 옳고, 다른 삶을 사는 이는 틀린 삶이 된다. 여기에서 그 기준은 자신을 포함한, 자신이 아는 사람들이 기반이 되어준다.

이런 보이지 않는 오래된 사회적 관습 환경에 놓여, 자신도 모르게 평생 동안 적응한 우리들은 조금이라도 다른 길을 가는 것을 숨 막히게 두려워한다. 그래서 기회가 되더라도 가고 싶어 하지 않는다.

결국 우리들 대부분은 앞선 세대가 지나간 길만을 따라간다. 그것이 우리 자신이 누릴 수 있는 가장 큰 행복이라고 믿는다. 같은 길을 가고 있는 사람들 중 자신보다 앞서 가는 사람을 보면 열등감으로 부러움을 느끼고, 심하면 질투한다. 상대적으로 자신들보다 처진 사람들을 보면 우월감을 느끼면서 상대적 행복을 느낀다.

늘 우월감을 느낄 처지라면 좋겠지만 세상은 그렇게 만만한 것이 아니다. 우월감과 열등감을 반복적으로 겪으며 끝없는 감정의 소용돌이 속에서 살아가게 된다. 그런 심한 감정적 기복에도 불구하고, 우리는 살아가면서 그 길이 왜 그렇게 놓여졌는지, 누가 그 길을 가라고 했는지에 대한 질문은 하지 않는다.

이것은 우리가 '왜' 존재하고 있는지에 대한 관심 없음과 동일하다. 우리가 살아가는 이 고정된 길이 과연 왜 고정적으로 정해졌을까를 그다지 의심하지 않는다.

어려서부터 돈, 돈 하는 이야기를 듣고 자란 우리들은, 어른이 된 후 부모와 똑같이 돈, 돈 하면서 살아간다. 왜 돈이 필요한지 고민할 필요가 없다. 살다 보니 정말로 돈이 필요하다. 그래서 돈을 모으면 행복하다.

남자들은 누군가 차, 차 거리면 자신도 차, 차 거리고 살아간다. 여자들은 누군가 가방, 가방 하면 자신도 가방, 가방 하면서 살아간다. 왜 그것이 필요한지 스스로 고민하지 않는다. 그저 모두가 갖고 싶어 하는 것이라면, 자신이 제일 좋은 것을 가져서 그들과 비교해 잘남을 증명받고자 한다.

살기 위해서 돈도, 차도, 가방도 다 필요하다. 질적으로 좋은 삶을 살기 위해서는 더 많은 돈과 더 좋은 차와 더 멋진 가방도 필요하다. 하지만 그럴 능력이 되는 이들은 사실 소수에 불과하다. 다수의 사람들에게 이것은 욕망으로만 존재한다. 대부분의 사람들에게는 우월한 존재가 되고 싶다는 본능적 욕구일 뿐이다.

물론 이런 삶과는 다른 형태를 사는 사람도 있다. 이들은 그 자신들부터 사회적 편견과 싸워야 한다. 스스로의 정당성을 증명하는 데도 상당히 버겁다. 그래서 이들이 사회적으로 의미 있는 흐름을 만들어내기란 거의 불가능하다.

많은 사람들이 지나가서 깊게 패인, 전형적인 삶은 누가 봐도 눈에 확 띈다. 거기엔 희미한 자국도 있긴 하다. 소수의 사람들이 낸 희미한 흔적이다. 그러나 존재감이 거의 없다. 대다수 사람들은 파인 길을 따라가면서 더욱더 깊게 파 후세들이 쉽게 따라올 수 있게끔 해준다.

그렇다면 자기만의 삶을 사는 소수의 사람들은 과연 전형적이지 않은 삶을 산다고 말할 수 있을까? 그들 입장에서는 사회적 편견에 맞서 싸워왔기 때문에 그렇다고 말하고 싶겠지만, 사실 슬프게도 '그렇지 않다'.

엄밀히 말해서 두 그룹 간의 차이는 욕망의 대상이 다르다는 것뿐이다. 이는 모두 검은 머리를 하고 있어서 노랗게 염색한 사람이 특이해 보이는 것과 같은 것이다. 그렇지만 이 작은 차이를 기반으로 해서, 이들은 대다수 사람들이 추구하는 것들과는 다른 삶을 산다고 믿는다. 어떤 의미에서 이들은 물질에 집착하는 무조건적인 삶을 경계하지만, 사실 자신도 그런 면을 가지고 있다는 점을 인식하지 못하는 것이다.

그들은 다른 이들의 돈에 대한 애정을 짜증 내고 비웃긴 하지만, 스스로도 거기에서 자유롭지 못하다는 점은 인정하지 않는다. 그러고는 남들보다 돈 냄새가 덜 나는 것들, 예컨대 아이, 취미, 사랑, 우정 같은 것에 관심을 두고 산다.

냉정하게 말하면, 이는 어떤 의미에서는 사고방식의 차이일 뿐이다. 우리가 직접적으로 얻으려고 하는 행복의 조건을 어떤 것으로 놓느냐에 따른 차이일 뿐, 우리가 가진 생명체의 본능은 다를 바가 없다. 우리의 본능은 잘 먹고, 잘 자고, 잘 싸고, 짝짓기 잘하고, 자식을 남기고 살아가는 것이다. 그리고 이를 위해 안정적으로 살아가길 원한다. 이것이 우리의 본질이다. 여기에서 출발하면, 돈은 이런 것들을 해결해주는 강력한 수단이 되기 때문에 더없이 중요하다.

많은 돈, 좋은 차, 명품 가방은 본능이 원하는 것을 이루었다는 착각을 하게 만든다. 아이, 사랑, 우정, 취미 등 모든 행동 역시 본능이 요구하는 것들을 충족하게 해주고, 그로 인해 우린 행복을 느끼는 것이다.

그렇다면 이것이 진정 우리가 살아가는 삶의 모든 것일까? 스스로를 이렇게 정의하고 나면, 사실 조금 슬프긴 하다. 다행인지 불행인지 모르겠지만 삶은 이것만이 전부가 아니다. 여기에서 매우 중요한 하나가 빠졌다. 그것은 우리의 삶을 결정해줄, 혹은 삶의 차이를 만들어줄 본질적 요소가 된다. 그것은 바로 '인식'이다.

우리는 현실 속에서 추상적인 표현을 많이 쓴다. 좋은 집, 맛있는 음식, 예쁜 사람 등등. 우리가 많이 원하는 것들임에도 이런 표현에 대해 누구도 정확히 정의하지 못한다.

북극에 사는 에스키모에게 눈으로 만든 이글루는 좋은 집일지는 몰라도, 적도의 아프리카에서는 단 한 시간도 못 버티는 집이 된다. 그렇다면 과연 무엇을 '좋은 집'이라고 칭할까? 나를 배신하고 다른 사랑을 찾아간 사람과, 다른 사람을 배신하고 나에게 온 사람은 과연 '좋은 사람'일까, '나쁜 사람'일까?

모든 인식은 내가 하는 것이지 남이 해주는 것이 아니다

누구나 행복한 삶을 원한다. 그래서 우리는 전형적으로 살 수밖에 없다. 아무리 이 전형적인 삶에서 벗어나려고 노력해도, 행복하려면 돈과 집과 가족이 있어야 한다. 우리는 자신 이외의 다른 존재와 관계를 맺지 않고서는 행복하게 살 수가 없다. 깊은 산속에서 홀로 도를 닦는 사람도 먹을 것은 구해야 한다. 어떤 생명체든 먹지 않고는 살 수 없다. 그래서 우리의 한계점은 명확하다.

하지만 같은 환경이라고 해도 그것을 다르게 인식하는 것은 가능하다. 벌레가 달려들고 흙먼지가 날리는 야외가 누구에겐 지옥 같을 수 있지만, 다른 누군가에겐 편한 공간이 될 수 있다. 그래서 우리는 각자 좋은 인생, 괜찮은 삶, 진정한 행복을 정의할 수 있다. 같은 환경이라고 해도 그것을 다르게 인식함으로써 전형적인 삶이 가진 한계를 벗어날 수 있는 것이다.

이것은 돈을 추구하느냐, 사랑을 추구하느냐에 대한 문제가 아니다. 돈이나 사랑을 어떤 마음으로 바라보느냐에 대한 문제이다. 돈을 밝히는 사람도 사랑을 할 수 있고, 사랑을 위해 죽을 각오가 되어 있는 사람도 돈이 없으면 안 된다. 이것은 선택하는 것이 아니라 어떻게 받아들이느냐의 문제인 것이다.

대한민국 사람들은 김치를 좋아한다. 그러나 김치는 대한민국 땅에서만 '맛있고 좋은 음식'으로 통한다. 물론 우리가 외국 음식을 좋아하는 경우도 많다. 피자, 햄버거, 베트남 쌀국수, 중국 요리 등등. 음식마다 좋아하는 사람도 있고 싫어하는 사람도 있다. '맛있는 음식'은 이렇듯 개개인의 성향에 따라 다르고, 민족이나 국가 범위로 가면 메뉴 자체가 바뀌어버린다. 각 나라마다 즐기는 음식 자체가 완전히 다른 것이다.

누군가는 단칸방을 좋은 집이라고 하고, 누군가는 수백 평은 돼야만 좋은 집이라고 할 것이다. 과연 그 기준은 무엇으로 만들어질까? 당연히 우리 자신이 그 기준이 된다. 그래서 우리는 각자 다른 인식을 통해 다른 해석을 할 수 있다. 문제는 그 기준을 스스로 마련하는 것이 아니라 다른 이의 의견을 참고해서 만들어내고 있다는 점이다.

왜냐하면 그것이 어려서부터 고정된 버릇이기 때문이다. 우리는 스스로 어떤 것에 대한 가치를 생각하는 버릇이나 그 가치를 왜 추구하는지를 생각하며 살아본 적이 거의 없다. 우리는 잘 모르는 것이 있으면 그것에 대한 다른 이들의 생각을 알고 싶어 한다.

그런데 그것은 참고의 수준이 아니다. 우리는 다른 이들의 판단을 들은 후 자신만의 의견을 만드는 것이 아니라 그냥 있는 그대로 복사를 한다. 그렇게 중요한 남들의 의견 역시 어딘가에서 복사를 한 것이다.

남들로부터 들은 대부분의 의견은 기껏해야 기업이 제품을 팔기 위해 만들어낸 이야기거나, 어느 신문사의 기사나 뉴스, 방송국에서 만든 드라마 속의 대화, 평생 책만 본 교수, 어떤 노인의 푸념, 자신의 이득을 위해 만든 자기 변호, 세상에 찌든 아줌마가 원하는 삶으로부터 나온 이야기 등등에 불과하다.

이렇게 시작된 이야기는 사람들의 입을 통해 몸집을 불려나가지만, 그 와중에 좋은 이야기는 다 떨어져나가고 불행에 대한 이야기만 달라붙어서, 결국 보통 사람과 다른 선택을 하면 어떤 불행한 결과를 초래하는지에 대한 공식만 만들어진다.

이렇게 귀결될 수밖에 없는 결과의 이면에는 누구나 불행한 이야기를 좋아한다는 슬픈 자화상이 숨겨져 있다. 남들의 불행한 이야기를 주고받으면서 자신의 행복을 느끼는, 정말로 부끄러운 행복감에 취해 있기 때문이다. 이런 마음으로 주고받은 대화를 통해 만들어진 우리의 상식이 얼마나 옳을까를 누가 생각이나 하겠는가?

어디에서 들은 이야기나 남들이 옳다고 주장하는 것들을 취합해 자신의 행동 기준으로 삼는 데에는 우리의 인식이 매우 중요한 역할을 한다. 인식은 어떤 의미에서는 자신을 위한 정신적 필터이다. 이 인식의 방향이나 형태에 따라 같은 이야기를 들어도 다르게 받아들이게 되는 결과를 가져온다.

여기엔 심각한 문제가 있다. 모든 것을 결정짓는 이 인식의 절차 자체도 계속 획일화시키고 있는 것이다.

공식대로 사는 삶에는 '비교'라는 치명적인 함정이 있다

우리는 어쩌면 처음엔 그러지 않았을지도 모른다. 처음엔 네모로 된 격자 인식 필터를 가졌지만, 주워듣는 정보가 세모만 도착해 결국 스트레스를 견디지 못한 필터가 세모 모양으로 바뀌어버리는 것이다. 전형적인 삶으로 정의되는 이유가 바로 이것이다.

어릴 땐 모두 자신만의 고유 모양을 가진 인식 필터를 가지고 있었다. 부모들은 하나같이 세모난 필터를 가진 채 그것만이 안전하고 옳은 길이라고 끊임없이 주입시켰다. 원래 별, 육각형, 눈송이 모양 등의 다양한 형태를 가지고 있던 우리는 의식하지 못하는 사이 세모 모양이 정답이라고 믿게 되었고, 자신의 모양을 세모에 맞추기 시작했다. 가끔은 세모를 해야만 맞을 때도 있었다. 특히 먹고사는 문제에 대해서는 치명적이었다. 세모가 되지 못하면 먹고살 길조차도 막연한 것이다. 그렇게 고정되자 그도 어른이 되어 자연스럽게 세모를 말하기 시작한 것이다.

하지만 설령 그랬다고 해도 우리는 다시 별이나 원 모양으로 되돌아갈 수 있다. 별 모양에서 세모 모양으로 바꿀 수 있었다면, 그 반대는 왜 안 되겠는가? 이것을 하고 안 하는 것은 자신의 의지일 뿐이다. 스스로를 지속적으로 바라봤다면 처음부터 원이나 별 모양을 유지하고 살 수도 있다. 그러기 위해서는 우리의 인식이 변형되지 않도록 손을 봐줘야 한다. 그래서 획일화된 전형적인 삶이 아닌 다른 삶에 대해 이야기를 해야 하고, 경험을 해야 한다. 여행이 그런 것이고, 독서가 그런 것이며, 영화가 또한 그런 것이다.

우리가 소비하는 대부분의 문화가 그런 역할을 한다. 그러나 우리는 여행도 정해놓은 절차이며, 독서도 베스트셀러를 찾고, 영화도 블록버스터 영화를 보면서 또 다른 전형에 빠져든다. 이런 문화생활을 통해 주어진 시간을 때울 뿐, 인식 필터를 고치는 시간으로 활용하지 못한다.

좀더 현실적으로 말하면, 우리는 그렇게 할 필요조차 느끼지 못한다. 처음엔 눈송이 모양의 필터를 가졌지만, 살다 보니 삼각형으로 바뀐 것이란 점조차도 인식하지 못하기 때문에 돌아가거나 바꾼다는 자체를 이해 못한다. 그저 나이를 먹고 보니 삼각형이 최고라는 생각만 들 뿐이다.

서른 살이 넘은 성인, 스스로에 대한 인식을 지키지 못한 이들은 대부분 세상의 전형적인 이야기들을 받아들이는 모습으로 변형되었을 것이다. 이 모습은 나이를 먹을수록 더 굳어져 결국엔 어떤 외부 정보가 들어와도 맞지 않으면 흠집조차 나지 않는 강한 고집을 갖게 될 것이다.

그렇지 않은 사람이라고 해도 오랫동안 방치하여 인식이라는 절차가 없어지고, 모든 인식은 TV, 신문, 타인들의 이야기를 통해서만 이루어질 것이다.

이런 삶이 사는 데 문제가 되는 것은 없다. 다른 이들과 다른 인식을 하거나, 왜 사는지 궁금해한다고 해서 외형이 달라지지는 않는다. 그래서 누구나 비슷한 삶을 사는 것처럼 보인다. 하지만 그 안에 숨겨진 것에는 거대한 차이가 있다. 단지 겉으로 드러나지 않을 뿐이다.

혼자 산을 오르는 것과 연인끼리 손을 잡고 오르는 것은 산을 오른다는 관점에서는 같다. 이 둘 모두 산의 좋은 공기를 마신다. 하지만 이 둘이 느끼는 행복의 종류가 다르고, 깊이가 다르다.

그런데도 연인들은 혼자 산에 오르는 사람을 보면서, 자신들이 느끼는 행복을 알지 못할 것 같은 그 사람을 안쓰럽게 생각한다. 하지만 정작 모르는 사람은 그 연인들이다. 어떤 면에서는 혼자 산에 오르는 사람이 더 행복할 수도 있다. 이런 사람이야말로 진정으로 산에 오르는 행복을 알기 때문에 혼자 오르는 것이다.

우리는 자신이 경험해보지 못한 행복은 모른다. 그런데 우리가 경험하는 행복은 모두 전형적인 수준에 머무른다. 때문에 다른 삶을 사는 사람들이 얼마나 행복할지 가늠하기가 불가능하다. 그냥 보기에 안전해 보이지 않거나 돈을 많이 벌지 못하면 그것을 모두 불쌍한 것으로 본다.

남들과 다르면 틀린 것이며, 그래서 불쌍하다. 하지만 우리는 인간이 경험할 수 있는 것 중 아주 일부만을 경험할 수 있다. 우리가 할 수 있는 경험은 지극히 한정적이다. 우리는 대한민국이란 나라에서 태어났기 때문에 다른 수백 개 나라의 문화를 거의 경험하지 못하고 살다가 죽는다.

우리는 시간과 공간의 제약으로 인해 모든 것을 경험할 수는 없다. 그래서 내가 가는 길이 바로 대체 불가능한 자신만의 길인 것이다. 다른 사람의 길에 대해 평가할 필요도 없고, 그것을 통해 자신의 정당성을 객관적으로 증명받으려 노력할 필요도 없다.

어떤 길을 갔을 땐 그 길이 자신이 선택 가능한 최고의 행복을 추구하는 길이라 믿으며 그것에 대해 의심이 없어야 한다. 자꾸 자신의 길을 남들과 비교하면 자신이 느끼는 행복에 대해 스스로 의심하고 있다는 뜻이 된다. 즉, 제대로 된 길이 아닌 것이다.

사람들이 이런 비교를 하는 이유는 자신의 의지로 선택한 것이 아니라 누군가 그 길을 가야 한다고 해서 간 것이기 때문이다. 이는 스스로 선택한 것이 아니라 선택당한 것이다. 그러니 불안하다. 불안하니까 다른 이들에게 증명받아야 한다. 그래서 자꾸 남의 길을 바라보게 된다.

그러다가 비슷한 길을 가는 사람을 보면 안심을 하고, 자신과 완전히 다른 길을 가는 사람을 보면 불안함이 밀려와 부정하려 한다. 급기야 그것을 틀린 길이라고 비난하는 것이다. 이것이 우리가 타인의 삶을 마음대로 재단하는 가장 큰 이유이다.

그럼에도 전형적인 삶을 사는 것 자체는 그다지 나쁘지 않다. 다만 다른 이들과 비교하지 않고, 비난하지 않을 수 있어야 한다.

인간은 누구나 찌질하다. 단지 상대적일 뿐

나 : 사람들이 닭다리를 먹으려고 싸우는 것을 보면 웃겨. 그것이 뭐가 그리 중요하다고.

빙고 : 그래. 그런데 너도 지하철에서 빈자리가 나면 앉으려고 달려가잖아.

나 : 그거야 앉는 것이 좋으니까. 스마트폰도 보기 좋고.

빙고 : 그럼 너는 뭐가 달라? 넌 그냥 닭다리를 좋아하지 않을 뿐이야.

누구나 어린 시절 부모님께 혼난 경험이 있다. 대부분의 혼난 이유는 부모님이 하지 말라고 한 것을 했기 때문이다. 아이들의 인내력은 매우 약해서 하지 말라는 것에 대해 마음속 욕구를 참지 못해 저질렀을 것이다. 그럴 경우 아이는 본능적으로 부모님의 눈치를 본다.

그런 아이들의 모습을 보면 귀여울 때도 있다. 아이들의 욕망이라고 해봐야 사탕 하나 정도에 불과하기 때문이다. 하지만 이 눈치를 보는 것은 단순히 귀엽게만 볼 것이 아니다. 그것은 고도의 두뇌 활동 중 하나이다.

아이들은 먹고 싶은 사탕을 부모가 못 먹게 하면, 관심 없는 척하면서 딴청을 피우다가 슬며시 손을 사탕 쪽으로 뻗는다. 그런 서투른 행동은 금세 들통이 나고, 부모는 경고의 의미로 인상을 쓴다. 그러면 아이는 우연히 손이 그쪽으로 간 듯한 태도를 보이며 딴청을 부린다. 이런 행동은 대부분 실패로 끝나기 때문에 결국 반복적으로 그런 행동을 하다가 크게 혼이 나고는 운다.

이렇게 혼이 난 아이는 이제 다른 것에 관심을 쏟으려 하지만, 마음 한구석에는 여전히 사탕에 대한 미련과 욕망이 남아 있다. 하지만 일정 시간이 지나면 아이는 다른 욕망을 발견하고 사탕에 대해 품었던 욕망은 잊어버린다. 그래서 쉽게 포기하는 듯 보이거나 혹은 변덕스럽게 보이기도 한다.

그런데 과연 이런 행동 패턴이 아이일 때만 나타나는 것일까? 아니다. 이는 어른이 된 후에도 똑같이 반복되는 과정이다. 단지 어른은 누군가의 보호를 받는 처지가 아니어서 그것을 제지할 사람이 없다는 점이 다를 뿐이다. 어른이 되었다는 것은 특별히 범죄 행위가 아닌 바에야 누구나 능력껏 그것을 실현할 수 있다는 것을 의미한다. 어른들은 자신이 속한 사회의 법과 자신의 능력, 가지고 있는 돈에 의해서만 제어받는다.

인간은 어른이 되면서 욕망을 간접적으로 표현하는 방법을 배우게 된다. 그런 요령을 배우는 가장 중요한 이유는 욕망을 드러낼 때 다른 사람들이 자신을 어떻게 바라보는지에 대해 알게 되기 때문이다.

우리는 어떤 것을 가지고 싶은 마음을 드러낼 때 약점이 잡혀 그것에 대한 비용을 더 치러야 하는 경우를 많이 경험한다. 그래서 언제든 마음이 바뀔 수 있다는 태도를 보여야 협상을 할 때 좀더 유리한 고지에 선다는 것을 알게 되는 것이다.

성인이 된 인간은 누구나 욕망을 가지고 있다는 것을 알고 있다. 서로가 욕망을 숨기지 않고 드러내면 다툼과 갈등의 원인이 된다는 것도 알고 있다. 그래서 많은 이들이 이것을 좋아하지 않는다는 점 역시 잘 알고 있다. 숨기지 않고 드러낸 욕망은 그 사람을 욕심쟁이로 인식하게 만들어 다른 이들의 경계를 부른다는 점도 잘 알고 있다. 그래서 우리는 여럿이 모여 과자를 먹을 때 마지막 남은 과자 한 조각은 먹지 않고 남긴다.

우리는 또한 '나'를 위해서가 아니라 '우리'를 위해 무언가를 할 때 다른 이들의 적극적인 도움이나 호응을 얻을 수 있음을 알고 있다. 그래서 우리는 자신이 가진 욕망을 전체적으로 확장하려고 노력하고, 사람들에게도 그렇게 인식되게끔 한다. 소위 말하는 '대의(大義)'라는 단어가 가진 의미이다. 대의를 잘 포장할수록 좀더 떳떳하게 자신의 욕망을 실현할 수 있다. 왕이 되고자 하는 사람에게 왕의 자리는 욕망의 대상이지만, 그의 대의는 백성을 위해 나라를 새로 세워야 한다고 말하게 되는 것이다.

인간은 누구나 욕망이 있으며, 그 욕망의 대상은 자신을 행복하게 해주는 것들이다. 우리는 간절히 얻고 싶은 것을 위해 그보다 작은 손해는 감수한다. 사탕을 먹기 위해 휴지를 쓰레기통에 갖다 버리는 심부름을 기꺼이 수행하는 아이의 행동도 그 한 예다. 맛있는 식사를 위해서 쉬고 싶은 욕망을 버리고 집을 나서고, 길거리에서 어떤 아이가 어묵을 맛있게 먹고 있을 때 뺏어 먹고 싶지만 참는다. 이렇듯 우리는 가장 중요한 욕망을 실현하기 위해 다른 욕망을 희생시키기도 한다.

찌질함은 우리 자신의 숨겨진 본성이다

그런데 이렇게 작고 쉽게 포기할 수 있는 욕망조차 꼭 표현하는 사람들이 있다. 이런 사람들은 주변 사람들을 귀찮게 하거나 중요하지 않는 것에 과도한 욕망을 드러내어 소위 말하는 '찌질하다'라는 평가를 받는다. '찌질하다'는 말은 제어되지 못하는 욕망, 성인이 되지 못한 아이와 같은 모습, 별 가치 없는 일에 집착하는 모습을 일컫는 말이다. 그래서 '찌질하다'는 평가는 누구도 받고 싶어 하지 않는다.

그럼에도 불구하고 찌질함은 그 자체가 상대적이기에 우리는 찌질하지 않게 살기가 쉽지 않다. 아이들의 찌질함은 눈깔사탕 하나를 더 먹으려고 다투고 있을 때 나타난다. 그 태도는 아이들끼리의 세상에서는 전혀 찌질한 것이 아니다. 단지 능력 있는 어른의 눈에만 아이들의 모습이 찌질해 보이는 것이다. 이것을 어른의 세계로 바꾸면, 어른들의 찌질함은 연봉이 1억이냐, 2억이냐 가지고 잘난 척하는 와중에 하루에 1억을 버는 사람이 나타나면 생긴다. 흔치 않은 상황이지만 그럴 수도 있다.

홍상수라는 영화감독이 있다. 〈돼지가 우물에 빠진 날〉이란 영화로 데뷔해서 지금은 꽤나 이름을 날리고 있는 감독이다. 이 감독의 영화에 나오는 캐릭터들을 한마디로 표현하면 바로 '찌질함' 그 자체이다. 영화에 나오는 주인공이나 주변 인물들을 보면 정말로 찌질하다. 그들은 남의 것을 먹고 싶어 하고, 쉽게 삐치고, 자신의 욕망을 주체 못해서 마구 표현한다.

그래서 이 감독의 영화를 보다 보면, 한편으로는 재미있으면서도 다른 한편으로는 씁쓸하다. 하지만 정말로 중요한 것은 그가 만들어낸 캐릭터를 부정할 수 없다는 점이다. 그 영화에 나오는 배우들의 모습은 모두 우리들 자신의 숨겨진 모습이기 때문이다. 우리가 그들과 다른 점 하나는 그것을 겉으로 표현하지 않는다는 것뿐이다.

정말로 풍족하게 자란 사람은 다른 사람이 먹는 초코바에 관심이 없을 수도 있다. 하지만 조난을 당해서 며칠을 굶었다면, 그 사람은 다른 이가 먹는 초코바를 한없이 부러운 표정으로 바라볼 것이다.

우리가 어떤 사소한 욕망에 연연해하지 않을 수 있다면 그것을 언제라도 이룰 수 있기 때문이거나, 아니면 원래 필요치 않았거나 둘 중 하나일 것이다.

그래서 사람이 성공하고 높은 자리에 오르면 상대적으로 덜 찌질해 보인다. 그런 위치에 있으면 돈이 많기 때문에 대부분의 욕망을 다른 사람들에 비해 쉽게 이룰 수 있기 때문이다. 이들은 해외여행을 언제라도 갈 수 있으며, 다른 사람이라면 평생에 한 번이나 할 수 있는 것들을 매일 하며 살 수도 있다.

그들이 무엇보다 좋은 것은 자신의 욕망을 직접적으로 드러내지 않아도 그것이 이루어진다는 점이다. 밑에 있는 사람들이 주인의 욕망을 알아서 실현시켜주기 때문이다. 그들은 그렇게 자신의 욕망을 미리미리 알아서 처리해주는 아랫사람을 능력 있는 사람이라고 생각한다. 이것이 아부를 잘하는 사람들의 특징이다. 보통 사람들은 아부 잘하는 사람을 욕하기도 하지만, 실제로 이는 대단한 계산 능력이다. 다른 사람이 무엇을 좋아하는지 알아내고 그것을 실현해내는 능력은 결코 쉬운 일이 아닌 것이다.

그러나 무엇이든 쉽게 이룰 수 있고, 자신의 욕망을 누군가 알아서 잘 해결해준다고 해서 그 사람의 본질적인 욕망이나 찌질함이 없어진 것은 아니다. 그 사람의 경우엔 단지 찌질함을 밖으로 표현할 필요가 줄어든 것뿐이다. 그렇기 때문에 이런 사람들은 상대적으로 뭔가 좀더 근엄하고 여유로워 보이며, 그 덕분에 더 완성된 인간처럼 느껴지기도 한다.

그중 소수는 그것을 착각하고 책을 펴내기도 한다. 마치 자신은 다른 이들과는 다른 세상에 살아간다는 듯 포장한다. 그리고 삶의 의지나 방향성에 대해서 그럴듯하게 써놓는다. 특히 고액의 연봉을 받고 인정받으면서 안정적인 직장을 가진 이들이 이런 모습을 보이는 경우가 많다. 그 책을 읽은 독자들은 마치 그런 사람은 보통 사람들이 가진 찌질함은 아예 없는 뭔가 그럴듯한 삶을 산다고 믿는다.

하지만 이는 완전한 착각에 불과하다. 그런 식으로 욕망을 실현하는 사람은 자신이 어떤 문제를 가졌는지조차 인식하지 못하고, 결국 욕망을 제어하거나 벗어나려는 노력을 전혀 해보지 않기 때문에 평생을 어린아이 때의 모습으로 살다가 죽는다.

가끔 신문이나 잡지에 대기업의 회장이라 불리는 사람들의 어린아이 같은 행동에 대한 기사가 소개되곤 한다. 차이점이라면 돈의 크기가 일반 사람에 비해서 상상을 초월한다는 것이다. 엄청 비싼 차를 수집한다든가, 하룻밤 스키를 위해 스키장 전체를 전세 냈다든가 하는 전설 같은 이야기들이 전해오는데, 이는 아이의 욕망과 돈의 액수만 차이가 날 뿐이다. 그것은 장난감 자동차를 시리즈별로 모으거나, 혹은 반 전체 애들을 초대해서 한턱 쏘는 것과 원리적으로 다를 바는 없다.

과거 유럽 귀족들의 우아함이나 우리나라 양반들의 여유로움이 가능했던 이유 역시도 그들을 돌봐주고, 그들의 욕망을 대신 실현해준 하인들의 존재가 있었기 때문이다. 그들의 힘든 노동을 기반으로 주인이 찌질하지 않게 살 수 있는 환경이 조성될 수 있었던 것이다.

이렇듯 인간은 지위 고하를 막론하고, 나이가 많든 적든, 남자든 여자든, 욕망을 가지고 있는 한 모두 찌질할 수밖에 없다. 그 욕망으로 대통령 자리에 올랐거나, 대기업 회장이 되었거나, 심지어 세계 정복이란 것을 했다 해도 근본적인 찌질함은 모두 동일하다.

욕망이 있는 한 우린 늘 찌질할 수밖에 없다

그렇다고 해서 인간이 늘 찌질한 것만은 아니다. 인간은 욕망의 노예로서는 늘 찌질할 수밖에 없지만, 가치관에 따라 조금은 다른 삶을 살 수도 있다. 즉, 가진 욕망을 최대한 절제하고 자신의 삶의 방향을 일반 사람들과 좀 다르게 틀 수 있다면 찌질함에서 어느 정도는 벗어날 수 있다.

우리가 욕망을 가지고 그것을 실현하는 이유는 바로 행복하기 위해서이다. 만약 욕망이 아닌 다른 경로로 행복을 얻을 수 있다면 우리는 조금은 덜 욕망의 노예가 될 것이다. 예를 들어 다른 이들을 돕는 즐거움, 자연 속에서 느껴지는 감성, 지식과 진리를 탐구하는 마음

등이 그런 것들의 후보가 될 수 있다. 물론 이런 것들은 매우 개인적인 취향이기 때문에 강요하는 것은 무리다.

욕망의 대체 수단을 찾지 못하는 한 우리는 늘 찌질할 수밖에 없다. 혹은 매우 크게 성공해서 비서를 통해 모든 것을 해결하며 마치 그 찌질함이 없어진 것처럼 연극을 하면서 살 수는 있다.

찌질함은 인간의 근원이다. 찌질함은 욕망으로부터 발생하는데, 이 욕망은 인간의 본질 중 하나이다. 우리는 충족되지 않은 욕망이 있을 때 찌질한 태도를 보일 수밖에 없다. 욕망을 실현하고 싶지만 능력이 안 될 때, 우리는 둘 중 하나를 선택해야 한다. 자존심으로 버텨서 욕망을 억제하든지, 아니면 비굴하게 보이더라도 그것을 얻으려고 노력하든지 말이다. 여기서 후자의 모습이 바로 '찌질하다'고 표현되는 예가 된다.

우리는 다른 이들의 찌질함을 마음껏 비웃을 수도 없다. 홍상수 감독의 영화에 나오는 캐릭터처럼, 찌질한 그 모습이 바로 우리 자신의 모습이기 때문이다. 스스로 찌질함을 인정할 때 우리는 덜 욕망적일 수 있다. 너무도 하고 싶은데 자존심으로 억누르고 있는 모습 역시 비굴하게 그것을 바라는 모습 못지않게 찌질하다. 표현을 하지 않는다고 해서 그 자체가 사라지는 것도 아니기 때문이다. 괜히 자존심만 세우면 자신은 찌질하지 않다는 자부심만 생겨서 다른 이들의 찌질함을 비웃게 된다. 좀 덜 찌질하게 살고 싶다면, 가장 먼저 자신이 찌질할 수밖에 없는 존재라는 점을 인정하는 것이 필요하다.

지금 자신보다 덜 찌질해 보이는 사람들은 가진 욕망이 적거나 능력으로 쉽게 이룰 수 있는 사람이다. 그리고 지금 자신보다 더 찌질해 보이는 사람은 가진 욕망이 크거나 능력 부족으로 욕망을 이루기가 쉽지 않는 사람이다.

생각 없이 사는 삶이 가장 행복하다

나 : 나루는 하루 종일 풀만 먹고 똥만 싸. 도대체 그거 말고는 아무 생각도 없는 것 같아.

빙고 : 토끼니까 당연하잖아. 그것이 행복한가보지.

나 : 그럼 생각을 하는 것은 불행하다는 말이야?

빙고 : 불행하니까 행복하려고 생각을 하지. 원래 행복하면 생각이 없어져.

나 : 그런가? 그럼 나는 불행해서 생각이 많은가?

빙고 : 정말로 생각이 많다고 생각하는 거야? 인간의 생각은, 자신에게 무엇이 더 이득일지 계산하는 과정일 뿐일 텐데?

세상 무서운 것도 모르고 철딱서니 없이 사는 듯 보이는 사람들을 보면 흔히 "생각 좀 하고 살아라"라고 말한다. 이 말은 당사자를 당황스럽거나, 부끄럽거나, 화나게 만들기도 한다.

대부분의 사람들은 생각 없이 사는 삶을 좋아하지 않는다. 그래서 남들의 이런 지적에 화가 나는 것이다. 많은 사람들은 생각 없이 사는 것을 성인의 모습이 아니라고 여긴다. 생각 없이 사는 삶의 가장 흔한 예가 '아이들'이기 때문이다. 하지만 아이들도 생각을 하긴 한다. 단지 그것이 어른들 눈에 생각이 없는 듯 보일 뿐이다. 아이들은 어떤 장난감을 가지고 놀지, 어떤 영웅 캐릭터를 흉내 낼지, 올해 생일 선물은 무엇일지, 친구와 무엇을 하고 놀지 등의 생각들을 하고 산다. 하지만 어른들 눈에는 이것이 그냥 놀 궁리나 하는 것으로 비쳐진다.

다만 아이들의 생각은 매우 단순해서 쉽게 행복해진다. 이것이 가능한 이유는 아이들이 생각해야 할 것들을 부모가 다 알아서 생각해 주기 때문이다. 그래서 아이들은 걱정이 없다. 걱정은 부모의 몫이며, 아이는 마냥 그것을 즐기고 행복하기만 하면 된다.

아이들의 이런 행복이 종말을 고하는 시점은 소위 말하는 '철이 들었을 때'부터이다. 인간이 철이 들기 시작할 때 나타나는 가장 큰 변화는 '주변 인식 능력'이다. 대부분의 사람들이 청소년기에 겪는 사춘기의 특징은 '자기'를 인식하고 '남'과 '나'를 구분하기 시작하는 것이다.

남과 나를 구분하기 시작한다는 의미는 놀라운 인식적 변화이다. 그것은 스스로를 한 명의 인간으로서 인식하고, 그것을 통해 남과 구분된 독립된 존재로서 분리를 시작한다는 뜻이다. 하지만 이것이 늘 좋은 것만은 아니다. 특히 가장 좋지 않은 것은 그때부터 남과 나를 비교하기 시작한다는 점이다.

이런 인식의 변화는 본격적으로 열등감을 생산해낸다. 그래서 더욱 생각이 많아질 수밖에 없다. 인생에 있어서 생각이 가장 많아지는 시기는 30대를 넘어 40대로 왔을 때이다. 이때는 뭔가 인생을 뒤흔들 만한 큰 변화가 일어나기 힘든 시기이다. 40년 동안 살아온 삶의 궤적이 나머지 삶을 거의 결정해버린 상황이다. 이때 우리는 자신의 삶에 대한 좀더 본질적인 생각을 하기 시작한다. 그것은 먹고사는 것에 대한 고민이다. 그런 생각을 하다가 문득 자신이 행복하지 않다는 사실에 꽂힌다. 이미 삶은 거의 고정되었지만 그래도 이젠 나 자신의 행복을 찾아야겠다고 생각하고 애쓴다. 하지만 글을 찾아 읽거나 조언을 들어도 거의 도움이 되지 않는다. 마음이 느끼는 감정은 조절될 수 있는 것이 아니기 때문이다.

이 이야기를 종합해보면, 생각 없이 사는 것을 탐탁하게 여기지는 않지만, 생각 없이 사는 것은 행복한 삶이란 결론이 나온다. 그리고 생각이 많은 이들은 행복하지 못한 상황에 처한 것이 맞다. 그러니까 "생각하고 살라"는 조언은 "행복하지 말라"는 조언과 같다고 볼 수 있다.

우리는 행복하게 살수록 생각을 덜 하고 산다. 그렇다면 정말로 생각 없이 사는 것이 좋을까?

꼭 철이 들 필요도, 생각을 많이 하고 살 필요도 없다

어떤 조건만 갖춰지고 미래에도 거의 변화가 없는 상황일 때, 개인의 관점에서만 보면 생각 없이 사는 것이 개인을 훨씬 행복하게 해주고 삶을 윤택하게 해준다. 문제는 일단 보통 사람들이 이런 조건을 갖추기가 어렵고, 더 근본적인 문제는 인간은 홀로 살 수 있는 존재가 아니라는 점이다.

이것을 정확히 이해하기 위해 행복할 수 있는 조건들이 무엇인지 생각해보자. 그리고 이 조건들만 충족된다면, 우리는 별 생각 없이도 행복한 삶을 살 수 있다.

첫 번째 조건은 '건강'이다. 우리는 몸이 살아 있어야 살 수 있다. 몸에 문제가 생기면 어떤 것도 의미가 없다. 건강한 사람들은 건강에 대한 중요성을 인식하지 못해서 몸을 함부로 대하는 경향이 많은데, 실제로 건강을 잃어보면 이것이 얼마나 중요한 행복 요소인지를 절실히 느끼게 된다.

두 번째 중요한 것은 먹고사는 능력, 즉 '경제력'이다. 첫 번째 조건인 건강조차도 돈이 있으면 훨씬 유리하다. 돈이 충분하면 많은 것이 해결된다. 먹을 것, 잘 공간, 취미생활을 할 수 있는 여력, 심지어 남을 도울 수도 있다. 세상에서 가장 돈이 많은 빌 게이츠의 취미생활이 바로 기부이다.

세 번째는 '화목한 가정'이다. 이것은 돈과 거의 비슷한 수준으로 중요하다. 돈은 불행하지 않게 해주는 역할이 더 큰 반면, 화목한 가정은 행복을 위해 필요한 요소이다. 거기에 더해서 개인이 예상치 못하는 미래의 불행, 즉 교통사고를 당하거나 큰 병에 걸리는 등의 불행을 당했을 때 끝까지 지켜줄 수 있는 사람들을 얻을 수 있다. 이런 가치는 돈을 통해서는 해결이 불가능하다. 사람의 마음은, 더 정확히 말해서 사람의 도움은 돈이 지불될 때 그저 일이 될 뿐이다.

네 번째는 '친구들'이다. 물론 가정 안에서 행복하게 지낼 수 있는 이들도 있다. 그럴 경우 친구는 필수 조건은 아니다. 그럼에도 친구가 필요한 이유는 매일 밥만 먹고 살 수 없기 때문이다. 가끔은 고기도 먹고, 회도 먹어야 한다. 가끔은 기분 전환도 필요하고, 삶을 좀더 활력 있게 해줄 수 있는 적절한 자극도 필요하다. 이런 것들은 살아가는 데 좋은 활력소가 된다.

다섯 번째는 즐기면서 할 수 있는 '취미생활'이다. 시간과 관심을 가지고 할 만하고, 적성에 맞으면서, 흥미를 느끼는 분야를 찾으면 된다. 특히 건강해질 수 있는 취미를 갖는다면 행복의 가장 중요한 첫 번째 조건이 자연스럽게 충족된다.

이 다섯 가지 조건이 갖춰진 사람은 생각 없이 살아도 충분히 행복할 것이다. 하지만 이 다섯 개의 조건을 모두 갖추는 것은 결코 쉬운 일이 아니다. 주변을 둘러봐도 건강하고, 경제적으로 풍요로우며, 가족 간에 우애가 좋고, 친구들과 사이좋게 지내면서, 취미생활까지 열심히 하는 사람들은 쉽게 찾기 힘들다.

우리는 소속된 사회에 종속된 삶을 살 수밖에 없다

앞에서 말한 다섯 가지는 개인적인 삶의 영역에서 다룬 행복의 조건이다. 하지만 개인의 관점에서만 삶을 영위할 수는 없는 게 인간 세상이다. 나 혼자 사는 세상이 아니기 때문이다. 그렇기 때문에 사회 속의 나의 모습을 배제하고 개인적인 입장에서만 행복을 논할 수가 없는 것이다.

누구나 인간이 만든 사회라는 공동체에 속해 살기 때문에, 자신이 속한 사회의 현재와 미래가 개인의 현재와 미래에 큰 영향을 미치게 된다. 좀더 극적인 사례를 들자면, 과거 러시아에서 태어난 귀족의 자제들이 풍족한 삶을 살다가 공산주의 혁명이 일어나자 도망치거나 죽임을 당한 상황을 떠올리면 된다. 그 전에 일어난 프랑스 혁명도 비슷하다.

그들은 풍족한 경제생활, 건강한 몸, 각종 파티 문화, 흥겨운 놀이 등등을 즐기며 충분히 행복했을 것이다. 하지만 사회의 급격한 변화

우리가 생각을 해야 하는 이유는
혼자서만 사는 세상이 아니기 때문이다.

는 개인의 삶을 완전히 무너뜨렸다. 과연 그들 중 얼마나 많은 이들이 혁명 전에 자신들이 누린 풍요로움이 사회의 대다수를 구성하는 하층민들의 피와 땀이란 것을 인식할 수 있었을까?

이런 식으로 개인의 삶은 사회의 변화에 따라 급격하게 요동칠 수 있다. 그래서 우리는 나 혼자 충분히 행복하다고 해서 아무 생각 없이 살 수가 없다. 사회의 변화는 개인의 잠재적 위험 요소이기 때문이다. 다른 이들에게 어떤 일이 일어나는지, 자신이 속한 사회에 어떤 잠재적 문제가 있는지, 싫어도 생각을 하며 계속 주시해야 하는 것이다.

이런 태도를 사회에 대한 관심, 공동체 의식 등으로 포장해서 말하는데, 사실 이것은 각 개인의 미래에 닥칠 불안 요소에 대한 필수적 대비일 뿐이다. 불가능하겠지만, 북극곰은 북극의 줄어드는 얼음에 관심이 있어야 한다는 뜻이다.

거창하게 포장해서 사회의식을 가진 삶을 산다고 과장할 필요도 없다. 우리 사회에 소속된 모든 사람들은 자신에게 닥칠 위험 요소를 걱정한다. 그것이 마치 사회를 걱정하고, 국가를 걱정하고, 우리의 미래를 걱정하는 듯 과도하게 확대되어 문제가 될 뿐이다. 우리는 누구도 미국 사회의 미래나 프랑스의 민주주의를 걱정하지 않는다.

그래서 공공의식이나 사회에 대한 문제의식 따위가 없어도, 조금만 더 생각해보면 지금 내가 행복하다고 해서 마냥 그것을 누릴 것이 아니라 미래를 위해 생각을 하고 살아야 한다는 점을 이해할 수 있다.

만약 자신이 행복하다고 해서 그 행복만을 즐기며 생각 없이 살게 되면, 그것은 마치 아이들의 행복과 같다. 아이들의 행복에는 부모가 하는 걱정이 반드시 필요하기 때문이다. 그러니 부모가 돌아가시거나 이혼을 하게 되면 아이는 더 이상 행복할 수 없다.

개인도 마찬가지이다. 개인이 아무리 행복해도, 나라가 망하거나 사회에 큰 문제가 발생해서 분열한다면 행복할 수 없다. 아이들이 행복을 지키고 싶다면 부모에게 관심을 가져야 한다. 부모가 위험한 곳에 가지 않도록, 부모가 싸우지 않도록 노력해야 한다. 그러나 아이들의 인식 능력은 그것을 하기엔 부족하다. 성인은 아이와는 입장이 다르다. 성인은 현재 일어나고 있는 문제들을 보고, 그것이 해결되는 과정을 바라봄으로써 미래에 닥칠 문제점들에 대한 예측이 가능하다.

우리가 사회 문제에 관심을 가지고, 그것의 옳고 그름을 판단하고, 자기가 믿는 정의에 따라 그것들을 분류하는 과정 자체가 스스로를 지키고자 하는 노력의 본능적 발현이다.

대부분의 성인들은 그럴 수 있는 인식 능력 및 판단 기준을 가지고 있다. 가능하면 많은 성인들이 지속적인 관심을 가질수록 사회는 좀 더 안전해지고, 좀더 미래가 보장된다.

그러나 요즘 사람들은 자신만의 좁은 인식 공간에 갇힌 채 사회 문제를 바라보려고 하지 않는다. 물론 개인의 영역에서 먼저 행복해져야 비로소 전체를 바라볼 수 있는 여유가 생긴다. 하지만 개인의 영역이 아닌 문제들도 많다. 우리는 개인의 문제를 좀더 큰 영역에서 그려볼 필요가 있다. 그럴수록 더 좋은 해결책이 나오기 때문이다.

개인의 영역에서 불행하다면 생각이 많아질 수밖에 없다. 개인의 영역에서는 생각이 없을수록 행복하다. 하지만 개인적인 행복이 커진다고 해서 사회적 영역에서까지 행복해질 수는 없다. 이것은 불가능한 일이다.

모두가 행복해지는 세상은 없다. 물론 과거에는 공산주의라는 이론으로 인간을 위한 이상향을 만들었지만, 인간의 능력으로 이런 사회를 만들어내는 것은 불가능하다. 그래서 오늘 우리가 행복하게 산 이유가 누군가의 불행 때문일 수도 있는 것이다. 예컨대 오늘 우리가 싱싱한 양파 10개를 단돈 1,000원에 살 수 있었다면, 어떤 농민은 그 양파로 인해 피눈물을 흘리고 있다는 뜻이다. 우리 사회는 늘 이런 식으로 돌아간다. 누군가 많은 이득을 얻을 때 어떤 이들은 큰 손해를 보고 있는 것이다.

그런데 이 상황에서 내가 행복하니 그것으로 끝인 듯 생각을 확장시키지 않고 산다면? 결국 우리 전체는 미래의 잠재적 문제를 가지고 사는 것이 된다.

개인은 생각과 노력으로 행복해질 수 있지만, 사회는 그렇지 못하기 때문에 내키지 않아도 생각을 할 수밖에 없다. 하지만 개인의 영역에서 불행한 경우, 자신이 어떻게 하면 행복할 수 있을지를 고민하다 보니 그 생각의 범주가 개인적 영역에 머물게 된다. 또한 개인의 영역에서 행복하면, 행복하기 때문에 생각 없이 살게 된다. 그래서 사실상 생각을 하고 사는 사람들이 드문 세상이 되어버린다.

우리가 생각 없이 살 수 있는 이유는, 누군가 더 많은 생각을 해주기 때문이다

생각 없이 사는 사람은 개인적 영역에서만 보면 좋은 삶이다. 그것은 아이들처럼 행복한 세상이다. 하지만 아이의 행복은 불안 요소를 가지고 있다. 부모는 평생 아이를 책임지지 못한다. 아이는 결국 언젠가는 부모의 걱정을 이어받아야 한다. 그리고 자신도 부모가 되어야 한다.

그래서 아무리 거부해도 언젠가는 불행을 정면으로 봐야 할 때가 온다. 행복 요소에서 가장 중요한 '건강'은 평생 지킬 수 없다. 우리는 결국 건강을 잃고 죽음을 맞는다. 우리가 사는 동안 언제나 행복하기란 참으로 힘들다.

그래서 생각이란 것을 할 수밖에 없다. 지금 이 순간 행복하다고 해서 다른 삶에는 무관심하거나, 지금 이 순간 불행하다고 해서 온통 자신의 삶에만 관심을 쏟고 산다면 언젠간 전체의 문제로 파편을 맞을 수 있다. 그러면 이 상황을 초래한 사회에 대해 막연한 불만을 터뜨리며 분노하겠지만, 결국 사회 문제에 관심이 없었기 때문에 그런 파편을 맞게 되었다는 것조차도 인식하지 못한다. 지금, 사회에 관심을 가지고 늘 깨어 있어야 하는 이유가 여기에 있다.

고도로 발전된 사회 시스템이 갖춰지면 모든 인간이 행복할 수 있을 것이고, 그러면 생각이란 것을 하지 않고도 살 수 있을 것이다. 인간의 좋은 미래는 생각 없이 살 수 있는 사회이다. 물론 철학자들은 이런 미래를 끔찍하게 여기겠지만 말이다.

30대, 결혼에 임하는 남녀의 관점에 대한 고찰

나 : 여자들은 너무 계산적이야. 오직 남자의 돈만 따져. 인간성이 훨씬 중요한데 말이야.

빙고 : 너는 여자의 얼굴만 따지잖아.

나 : 그러니 순수하지.

빙고 : 노력해도 안 되는 타고난 얼굴을 따지는 것은 순수하고, 노력하면 벌 수 있는 돈을 따지는 것은 순수하지 않다는 거야?

우리 조상들은 현대 인류와 다르게 동물처럼 개방적인 성생활을 했을 것이다. 자연계에 많이 나타나는 현상처럼 능력 있는 남자가 다수의 아내를 거느리는 형태의 삶도 나타났을 것이다. 그런데 이런 형태의 가정은 장점에 비해 단점이 더 많이 드러나는 형태였다.

한 남자가 여러 여자를 거느리는 경우, 기본적인 경제생활은 가능하지만 자녀를 잘 키우는 데는 무리가 있었다. 즉, 먹고살 수는 있지만, 제대로 교육받은 아이로 키우기 위한 아버지의 역할이 결여됨으로써 문제가 발생하는 것이다. 여기에 더해서 문명이 발달될수록 일부다처제는 많은 사회적 문제를 일으켰다. 그것은 당연히 경쟁에서 밀려 짝을 짓지 못한 총각들의 불만으로 인해 생겨났다. 결혼 못한 혈기 왕성한 젊은이들은 사회에 불만 세력이 될 가능성이 컸다.

결국 인류는 한 명의 남자와 한 명의 여자가 짝을 짓는 '일부일처' 제도를 만듦으로써 이 문제를 해결했다. 이런 과정을 통해 만들어진 결론이 '결혼'이란 풍습이다. 인간의 결혼은 동물들의 짝짓기와는 다르게 자녀를 갖는 목표, 그 하나만을 위해 짝을 이루는 것이 아니다. 과거 인류 문명이 덜 발전하고 기술이 부족했던 시절엔 결혼은 바로 출산으로 이어지는 의미를 가졌으나, 의학 기술의 발전과 개개인의 인식 변화에 의해 결혼이 반드시 출산으로 이어지지는 않는다. 거기엔 피임 기술의 발전이 매우 큰 역할을 했다고 볼 수 있다.

21세기를 살아가는 우리는 특별한 이유가 없는 한 결혼을 하려고 한다. 그런데 결혼에 대한 사람들의 인식은 생각보다 극단적으로 서로 충돌하고 있는 형편이다. 어떤 이는 반드시 해야 한다고 믿고 있고, 또 다른 이는 결혼은 미친 짓이라고 말한다. 심지어 결혼은 해도 후회, 안 해도 후회라는 말을 하기도 한다.

결혼이 단순히 자녀를 낳기 위한 목적이라면 당연히 해야 하지만,

현대 사회에서 결혼의 목적은 출산만이 아니라 삶의 행복을 위해서라고 보는 것이 더 맞을 것이다.

물론 아이를 낳는 것이 하나의 큰 행복이기 때문에, 아이를 낳기 위해 결혼한다고 봐도 큰 문제는 없겠지만, 이는 단지 결론적인 얘기일 뿐이다. 아이를 낳아보니 행복한 것이다. 그래서 아이를 낳고 키우는 것 자체를 행복으로 여기지 않는 사람은 아이를 낳지 않고도 잘 살아간다.

간혹 아이를 낳지 않는 이들을 보고 이기적이라고 비난하는 사람들이 있는데, 이는 인간에 대한 무지에서 나오는 말이다. 인간은 원래 이기적이기 때문에 아이를 낳고 아니고를 기준으로 이기적이란 표현을 쓰는 것은 어불성설이다. 단순히 말해서 아이를 낳지 않은 사람이 이기적이라면, 아이를 낳은 사람은 이타적이어서 남을 위해 아이를 낳은 것일까? 이것은 단지 행복에 대한 방향성의 차이일 뿐이다.

그런데 사람들은 왜 이런 식의 극단적인 의견을 내놓을까? 그 이유는 생각해볼 것도 없이 단순하다. 결혼해서 행복하게 살면 결혼 옹호자가 된다. 반대로 싸우다가 불행해져 이혼하면 결혼에 대해 부정적인 사람으로 변한다. 직접 경험하지 않아도 주변 사람들의 결혼 후 삶의 모습을 보고 판단한다. 특히 부모의 결혼 생활이 그 판단에 지대한 영향을 끼친다.

이런 다양한 의견은 미혼인 사람들이 결혼은 해야 한다고 믿으면서도 막연한 두려움도 갖게 되는 원인이 된다. 그렇다면 결혼에 대해 가장 현실적인 필요성을 느끼고 있을 30대 남녀들이 결혼을 어떻게 생각하는지 알아보자.

20대의 만남에 비해 30대의 만남은 대부분 결혼을 목적으로 한다. 구체적으로 결혼에 대해 이야기하지 않아도 주변에서는 두 사람이 만난다는 사실만으로도 결혼을 결정적 미래로 받아들인다. 하지만 결혼을 앞둔 30대의 생각은 매우 복잡하다. 여기서 우리가 착각하는 것이 하나 있다.

그것은 결혼을 앞둔 남녀가 모두 동등하게 결혼을 바라본다고 믿는다는 점이다. 결혼이 삶에 미치는 영향이 남녀에게 똑같을 것이라고 믿는 건 착각이다. 결혼을 결정한 상태라면 거의 같다고 믿겠지만, 단순히 짝을 찾는 단계에서는 잘못된 가정이다.

짝을 결정하기 전 남자와 여자는 입장이 다른데, 상대적으로 여자가 훨씬 무겁고 깊은 압박을 받게 된다. 여자는 결혼을 통해 자신의 삶이 크게 흔들릴 수 있기 때문이다.

남녀 관계는 기본적으로 동등하지 못하다. 여자는 늘 약자 입장이다

특히 대한민국에서 여자의 결혼은 남자에 비해 훨씬 크게 작용한다. 여자가 남자에 비해 더 방어적이란 구체적인 통계는 없다. 하지만 단순히 몇 가지 사실만 놓고 볼 때 유추하기 어려운 일은 아니다.

첫 번째로 아이를 갖게 된 경우를 살펴보자. 아이가 탄생할 때 남자는 오직 정자만 제공했을 뿐 나머지는 모두 여자가 감당한다. 이것이 남자와 여자가 동등하지 못한 첫 번째 차이점이다. 아이는 여자의 몸에서 자란다. 그래서 임신으로 일어나는 많은 신체적 변화는 여자 홀로 겪어야 한다. 냉정히 말하면 남자는 도덕적 책임만 질 뿐이다. 아이를 낳든 지우든 최종 선택은 여자가 해야 할 부분인 것이다.

어떤 선택을 하느냐에 상관없이 여자는 자신의 결정에 따르는 사회적 시선과 개인적 피해를 모두 감수해야만 한다. 아이를 지우겠다면 낙태 경험자로서나, 혹은 자신의 뱃속에 생긴 생명체를 죽였다는 죄책감을 평생 안고 살아가야 한다. 그렇다고 해서 아빠가 없는 아이를 낳으면 미혼모로서 여자는 삶의 급격한 변화를 감수해야만 한다.

반면 남자는 단지 도덕적 책임만 지기 때문에 상대적으로 훨씬 자유롭다. 물론 책임감이 강한 남자는 어떻게든 책임을 지려 하겠지만, 어떤 경우든 아이는 여자의 뱃속에서 자란다.

그래서 남자는 임신과 출산에 있어서는 제3자의 입장이 될 수밖에 없다. 호르몬의 변화로 인한 숱한 감정적 문제와 열 달 동안 몸에 나타나는 큰 변화도 여자 홀로 감당해야 한다. 출산의 고통과 공포 역시 온전히 여자가 감당해야 할 부분이다.

이렇게 남녀가 결혼을 했을 때, 아이는 같이 만들지만 열 달 동안 뱃속에서 키우고 출산하는 부담은 여자에게 훨씬 크고 무겁게 작용한다. 직장 여성이라면 배부른 몸으로 출퇴근도 해야 하며, 출산에 임박해서는 출산 휴가도 받아야 한다. 더구나 아이를 키우기가 여의치 않으면 직장을 그만둬야 하는 경우까지도 생기는데, 어떤 기업들은 임신한 여자를 강제 퇴사시키기도 한다.

남자는 이런 경험을 할 수 없기 때문에 여자들의 상황을 간과하는 수가 있는데, 이는 군대를 가보지 못한 여자들이 남자들의 군 생활을 별것 아니라고 말하는 것과 비슷한 상황이다.

그래서 여자들은 남자에게 한 가지 기대를 한다. 그것은 자신이 선택한 남자의 능력에 대한 기대치이다. 이것이 두 번째 차이점이 된다. 이렇게 상대적으로 약자인 여자에게 있어서 남자의 경제력이 중요한 결정 요소 중 하나가 되는 것이다.

여자의 입장에서는 남자의 벌이를 통해 살아갈 수 있는 능력이 되는 것이 좋다. 거기에 더해서 아이를 키우는 데 남자의 도움을 받을 수 있다면, 임신과 출산, 육아까지 연결되는 긴 시간을 그나마 덜 힘들게 버텨나갈 수 있다. 상황에 따라 맞벌이를 계속해야 한다면 가사 노동에 대한 남자의 적극적인 지원도 매우 중요하다. 즉, 남자의 능력과 인성이 결혼 생활에 지대한 영향을 끼치는 것이다. 남자 입장에서도 자신이 선택한 여자의 능력이 중요하다. 그러나 남자는 여자의 능력을 최우선 순위에 놓지는 않는다. 그것은 자신의 능력으로 그 영역까지 감당할 수 있는 마음가짐이 있기 때문이다.

어떤 남자들은 여자가 살림 잘하고, 요리 잘하고, 육아만 잘해주면 더 이상 바랄 것이 없다고 여긴다. 그래서 여자에게 결혼 후 무조건 직장을 그만둘 것을 강요하기도 한다. 물론 살림, 요리, 육아를 모두 잘하는 것이 쉽지는 않지만, 그래도 여자 쪽 입장보다 덜 절실한 것은 사실이다.

여기에 더해서 대한민국의 여자는 치명적인 문제 하나를 더 가지고 있다. 그것은 남편의 가족, 즉 '시댁'과의 관계이다. 이것이 세 번째 차이점이다. 일명 '시월드'라 칭하는, 남편을 낳아준 부모나 그 형제들과의 관계를 말하는 것이다. 자신이 선택한 남자는 멀쩡한데 시댁이 너무 이상해서 이혼하는 부부도 있을 정도로, 우리나라에서 시댁의 존재는 쉽게 무시할 수 있는 상대가 아니다.

남자에게도 역시 처가라는 대상이 있지만, 우리나라에서 처가가 사위를 대하는 태도와 시댁이 며느리를 대하는 입장은 매우 다르다. 이는 오래된 '출가외인' 가치관에서 나타나는 현상이다. 남자의 가족 입장에서 며느리는 우리 집에 들어와 소속된 존재로 간주된다. 며느리는 남편 가족의 일원이 되고, 사위는 처가의 손님이 되는 것이다. 이런 연유로 시댁에 간 며느리는 집안일을 도와야 한다. 반대로 처가에 간 사위는 빈둥빈둥 놀면서 대접받다가 온다.

이것이 우리나라의 일반적인 가정 모습이라고 볼 때, 남자는 여자보다 훨씬 대접을 받고 있다는 것을 알 수 있다.

여자들은 이미 약자인데 스스로 그것을 더욱 심화시켰다

지금까지 나온 세 가지 차이점을 정리하면, 여자는 남자가 결혼 생활에 충실해야 하며, 경제적인 문제가 없어야 하며, 시댁과의 관계도 원만해야 한다는 조건이 갖춰져야 결혼 생활을 큰 무리 없이 해나갈 수 있다.

하지만 이 모든 것은 살아봐야 알 수 있기 때문에 결혼 전에는 막연할 수밖에 없다. 거기에 책이나 드라마, 그리고 주변에서 들려오는 막장 이야기까지 듣다 보면 '도대체 결혼을 왜 할까'라는 생각까지 든다.

여기까지도 쉽지 않는데, 여자들은 네 번째 차이가 되는 걸림돌을 스스로 만들어낸다. 그것은 다름 아닌 우리나라 특유의 체면 문화, 비교 행복 등이 가져다준 문제점이다. 그중에서 가장 큰 문제는 많은 여자들이 자신의 결혼이 매우 잘한 선택이라고 증명받고 싶어 한다는 점이다. 이는 여자들의 명품을 좇는 습성과 유사한 패턴을 보인다. 자신이 선택한 남자가 아주 잘 만들어진 명품이길 바라는 것이다.

명품은 가격이나 이름으로 평가되는 반면, 잘한 결혼이라는 것은 어떤 방법으로 증명받을 수 있을까? 남자들은 자기 여자가 예쁘거나 요리를 잘하는 것만으로도 만족한다. 하지만 여자들은 이를 좀더 현실적으로 따지는데, 결국 명품 브랜드 같은 역할을 하는 남자의 직장과 월급 및 재산 등을 매우 중요하게 본다. 어떤 남자를 선택해서 결혼할 때 그 남자를 얼마나 사랑하고, 또 그 남자가 나를 얼마나 사랑하는지에 대한 것보다는, 얼마나 좋은 직장을 가지고 있고, 얼마나 크고 좋은 집에서 살림을 시작할 수 있을지를 중요하게 여기는 현상이 일어나는 것이다.

그렇다고 여자들을 무조건 비난만 할 수는 없다. 이 현상은 앞에서 언급된 세 가지 차이점, 즉 결혼에 관해 상대적으로 큰 압박을 받고 자신의 삶에 미치는 영향이 강하기 때문에 여자들은 어쩔 수 없이 결혼 그 자체를 행복으로 연결시킬 수밖에 없다. 결혼을 잘하면 인생 자체가 잘 풀린 거라고 여기게 된다는 뜻이다. 그러니 좋은 대학을 나와 직장 생활을 했지만 결국 결혼에 실패한 것보다는, 남편 잘 만나 호의호식하면서 사는 것이 더 나은 삶이라고 평가하는 것이다.

그럼에도 불구하고 여자들의 요구는 과한 면이 있다. 어느 정도면 충분히 살 수 있음에도 불구하고 그보다 훨씬 과도한 경제적 조건을 요구하기 때문이다. 여기에서 과도하다고 표현하는 근거는 자신이 가진 것에 비해 남자에게 더 크게 원하는 것을 말한다.

그리고 여자들의 비밀 하나를 알아야 한다. 그것은 여자들이 얻는 중요한 행복 요소에 대한 것이다. 여자들의 행복엔 대부분 돈이 든다. 남자에게 돈은 선택 조건이지만 여자에게 있어서 돈은 필수다.

여자들이 즐기는 행복을 꼽아보자면 먹는 것, 쇼핑, 여행, 각종 문화생활 등이 있다. 학교 다닐 때도 남자 아이들은 축구공 하나면 놀 수 있는 반면, 여자 아이들은 어딘가 모여서 먹고 얘기하면서 논다. 그리고 이것들은 모두 돈을 필요로 한다.

여자들은 남자들에 비해 제대로 된 행복을 느낀다. 단지 돈이 좀 필요할 뿐이다. 그러니 남편이 자신의 생각과 기대에 못 미치더라도, 그나마 돈이 있다면 버티면서 자신만의 행복을 추구할 수 있다.

이것은 중요한 보험과도 같은 것이다. 여기에는 반드시 남자가 충분한 돈이 있어야 한다는 가정이 있어야 한다. 더해서 돈이 충분해야 아이를 제대로 키울 수 있다. 이런 현상은 우리나라에서만 유독 심하게 나타나는 좋지 않은 현상이다.

·

이 모든 것을 감안해보면, 결혼은 여자가 남자에 비해 더 많은 상황을 고려를 해야 하는 것이 자연스러운 현상이다. 동물의 세계에서도 암컷들은 고르고 골라 수컷을 결정한다. 이때 수컷들은 암컷의 선택을 받으려고 목숨 걸고 싸우고, 치장하고, 멋진 집을 지어 암컷을 유혹한다.

인간 세계에서도 이 원리는 동일하게 작용한다. 결혼은 남자에게는 해야 할 일이고, 자신의 유전자를 후대에 남기는 행위로 연결된다. 그런 이유로 결혼 후 출산만 하면 남자는 원하는 모든 것을 거의 다 얻는 것이다.

하지만 여자의 입장은 다르다. 앞에서 말한 세 가지 차이점과 여자들 스스로 만든 한 가지 문제점이 그것을 설명해주고 있다. 여자는 결혼에 대해 끝없이 불리한 입장이 될 수밖에 없는 것이다. 말 그대로 여자는 결혼으로 삶이 바뀌고 인생이 망가질 수도 있는 것이다. 이 심리가 여자들이 스스로 만든, 제대로 된 결혼이라는 것을 증명받고 싶은 욕구로 연결이 된다.

결혼이 중요하면 중요할수록 잘했다는 소리를 듣고 싶은 것이다. 결혼이 여자의 인생에 미치는 영향이 커지면 커질수록 결혼을 잘했다는 평가를 받고 싶어 한다는 말이다. 이것은 남자가 좋은 직장에 취직했다는 소리를 듣고 싶어 하는 것과 마찬가지다.

남녀의 결혼 적정 연령대가 서너 살 차이가 나는 현상은, 동갑이나 연상연하 커플일 경우 여자의 입장에서는 다섯 번째 차이가 되는 또 다른 시련을 안겨준다.

남자가 30대 초반이라면 기다렸다 결혼해도 무관하고, 사정이 여의치 못하여 30대 후반의 나이가 되었다 해도 다음 기회가 있다고 말할 수 있다. 사귀던 여자와 헤어져도 얼마든지 새로운 여자를 만날 수 있는 시간적 여유가 있는 것이다.

실제로 남자들은 능력만 되면 마흔 살에도, 쉰 살에도 한참 어린 여자와 결혼할 수 있다. 반대로 여자는 30대 초중반이 되면 결혼할 나이의 마지노선에 들어선다. 그리고 마흔 살, 쉰 살을 지나면 거의 모든 경쟁력을 잃는다. 그런 경우엔 혼자 살아가야 한다.

나이가 같거나 연하의 남자와 사귀는 여자는 더 심한 압박을 받는다. 그로 인해 여자들은 자신의 짝에게 확신을 요구한다. 자신이 가진 모든 걱정을 억누르고 결혼이라는 의식을 치러낼 수 있도록 강한 확신을 보이라고 남자에게 요구하는 것이다.

이것은 미칠 듯한 애정 표현일 수도 있고, 잘 준비한 결혼 생활일 수도 있다. 또한 자신이 믿고 따를 수 있는 인간성 혹은 상황에 따라 달라지지 않는 일관성 있는 태도일 수도 있다. 하지만 또 남자는 이런 여자들의 요구에 부담을 느끼기도 한다.

남자에게도 결혼에 대한 두려움은 존재한다. 여자가 이런 확신을 요구할 때 단순한 애정 표현이 아닌 어떤 준비 상황에 대한 요구까지 더해진다면, 그 두려움이 더욱 심화되고 부담을 느끼게 되는 것이다. 이때 두 사람은 마치 살얼음을 걷듯 매일매일 언제 터질지 모를 폭탄을 몸에 지니고 살아가게 된다.

모든 절차를 극복하고 순조롭게 결혼하는 부부도 있지만 그렇지 못한 커플도 많다. 특히 결혼을 앞두고 갈등은 더욱 크게 증폭된다.

결혼을 생각하지 않을 땐 상대의 단점들을 쉽게 넘길 수 있지만, 자신의 배우자로 선택해야 한다면 쉽게 넘길 수 없게 된다. 남자가 게임을 너무 좋아하거나, 술을 많이 마시거나, 집안에 문제가 있거나, 돈을 적게 벌거나 하는 문제들이 불거졌을 때, 연애 중이라면 몇 번 다투고 말 수도 있지만 결혼을 하고 나면 돌이킬 수 없는 자신의 현실이 되는 것이다.

요즘은 이렇게 복잡한 결혼 셈법에 여섯 번째 차이가 더해졌다. 그것은 결혼을 포기하는 남자들 때문이다. 어떤 이유로든 혼자 사는 남자는 자신의 삶을 위해 한두 가지의 취미생활을 시작한다. 예를 들어 자전거 타기, 게임, RC카, 여행 등등 자신들을 행복하게 해주는 취미생활을 위해 결혼 비용을 아낌없이 쏟아붓기도 한다. 여자를 사귈 생각보다는 자신을 행복하게 만드는 것에 시간과 돈을 집중하는 것이다.

이런 남자의 행복도 여자들이 추구하는 행복과 매우 닮아 있다. 즉, 돈을 써서 행복해지는 것이다. 남자들의 이런 태도는 여자들에게 있어서 바람직한 일은 아니다. 결혼할 만한 상대가 하나둘씩 줄어들기 때문이다. 그나마 다행(?)인 것은 이런 현상이 여자들에게도 나타나고 있다는 점이다. 자립 능력이 갖춰진 여자들은 결혼보다는 자신의 행복에 초점을 맞추어 생활한다.

아무튼 과거처럼 여자를 만나는 것 자체에 큰 의미를 두지 않는 남자들이 늘었다. 특히 나이를 먹어갈수록 더 심해지는데, 자신과 노는 일에 익숙해졌기 때문이다. 이런 남자들은 조건을 따지고, 돈과 직장과 자동차를 가지고 계산을 하는 여자들의 마음을 얻기 위해 돈과 시간을 쓰려 하지 않는다. 그 결과 평균 결혼 나이는 더 늦어지고 있다. 여자의 입장에서 보면 경쟁력이 더욱 떨어진 상태에서 결혼 상대를 고르게 되는 것이다. 거기에 더해 어떤 남자들은 여자들의 직업을 매우 중요하게 본다. 여자만 남자의 경제력을 보는 것이 아니고, 남자도 여자의 경제력을 보는 것이다.

이 모든 현상을 먼저 경험한 일본의 경우를 보면 나이 차가 심하게 나는 커플들이 늘고 있다고 한다. 열 살 이상은 기본인데, 남자들의 나이가 많은 경우가 대부분이다. 이 현상은 장기적 경제 침체가 계속되자 여자들이 안전한 경제생활을 결혼의 목표로 삼은 것에서 비롯되었다. 일본 여자들이 젊은 남자보다는 안정된 40대 남자를 선택하고 있다는 뜻이다. 이는 우리나라도 10년 이내에 일어날 사회 현상 중 하나로 보인다. 앞으로 우리 사회는 결혼을 제대로 준비하는 남자들과, 포기하고 평생 혼자 살아갈 남자들로 극명하게 나뉠 것이다.

이런 상태가 지속되면 전체적인 혼인율이 떨어질 것은 분명하다. 남녀가 계산적으로 만나기 때문이다. 어느 정도 경제력을 보유하지 못하면 결혼을 못하는 세상으로 향해 가고 있을 뿐만 아니라 결혼 자체에 관심이 없는 사람들이 늘어가고 있는 것이다.

결혼은 조금 다른 시선으로 바라볼 필요도 있다

결혼이 반드시 해야 할 것은 아니니 딴지를 걸 필요는 없다. 하지만 결혼을 정말로 하고 싶고, 또 잘하고 싶다면 먼저 바뀌어져야 할 부분이 있다.

첫 번째로 결혼에 대한 상대의 입장을 이해해야 한다. 위에서 장황하게 썼듯이 결혼을 앞둔 남녀는 각자 힘든 고민이 있다. 특히 여자는 남자에 비해 비교도 안 될 정도로 고민이 심하다. 결혼이란 행위는 남자에 비해 여자에게 훨씬 더 중요하고 가치가 있다. 그렇기 때문에 제대로 하지 못할 바에는 하지 않는 것이 좋다.

그럼에도 여자들이 결혼을 하려고 하는 이유는 뭘까? 미래에 대한 불안함을 해소하고, 아이를 낳고 키우는 행복을 경험하고 싶어서이다. 여기에 더해 누군가에게 보호를 받는, 즉 남편의 역할을 기대한다. 그리고 여기에는 모두 경제력이 기본으로 깔린다.

사실 이는 무리한 요구가 아니다. 여자들에게 남자의 경제력은 남자들에게 여자의 경제력이 주는 의미와는 차원이 다르다.

우리나라를 제외한 선진국 사람들은 모두 결혼의 선결 조건으로 사랑을 꼽는다. 사랑이 없는 상태에서 돈이나 외모가 무슨 의미를 갖는지를 되묻는다. 어쨌든 우리에게 문제가 있다는 것은 인정한다. 그렇다고 해서 갑자기 모든 사람들이 사랑만으로 살 수는 없다. 이것을 가능하게 하려면 좀더 안전하고 돈 걱정 없이 살 수 있는 사회가 되어야 한다. 잘산다는 일본도 30년 장기 불황이 이어지니 띠동갑 커플들이 생겨나고 있는 형편을 보면 알 수 있다.

우리는 행복하기 위해서 결혼하는 것이다. 때문에 이 행복이 단지 경제적인 것만을 의미하는 게 아니라는 걸 깨달아야 한다. 이것이 두 번째로 고쳐야 할 생각이다. 사랑이 밥 먹여주지는 않지만 우리를 행복하게 해준다. 그러니 행복하다면 좀 덜 누리고 살아도 견딜 수 있다. 믿을 수 있고 기댈 수 있는 단 한 명의 존재를 만들 수 있는 기회가 결혼뿐임을 이해하는 것이 중요하다.

배우자는 남남이 만났지만 이보다 더 좋은 관계가 될 수 있는 것은 없다. 우리는 오직 부부일 경우에만 통장을 공유한다. 그것은 친구하고도, 부모하고도 공유하지 않는다. 통장의 공유는 진정한 의미의 신뢰인 것이다. 어떤 의미에서 보면 또 다른 나 하나가 생긴 것이다. 이것을 경험한 사람과 그렇지 못한 사람은 아주 큰 차이를 보일 수밖에 없다.

믿을 수 있는 존재가 있는 것과 없는 것의 차이란, 미래의 불안함과 공포를 상기시켜보면 금세 알 수 있다. 그래서 어떤 의미로 부부는 행복하기 위해서도 살지만, 위기 상황에 놓였을 때 기댈 수 있는 존재로서 더 가치가 있다고 할 수도 있다.

그러니 자신의 배우자를 남과 비교할 필요가 전혀 없다. 그 사람은 나이고, 내가 그 사람이 되어야 한다. 그러기 위해서는 상대의 태도만 기대하지 말고 자신이 그런 사람이 될 수 있어야 한다. 둘이 온전히 행복하고, 온전히 하나가 된다면 그 삶은 성공한 것이다. 다른 이들의 시선이나 평가 따위는 무시해도 된다. 여기에서 돈을 얼마 벌었고, 자식이 얼마나 성공했느냐는 부차적인 문제이다.

안타까운 건 이 사실을 결혼 후 많은 시간이 지나야만 깨닫는다는 것이다. 아니, 죽을 때까지 깨닫지 못하고 살기도 한다. 당장 눈앞에 놓인 수많은 문제를 해결하려고 서로 동분서주할 뿐이다. 우리에게 진정한 의미의 결혼이란 두 손을 꼭 잡고 걸어가는 노부부의 뒷모습이어야 한다.

부부 갈등,
현실과 기억의 깊은 괴리감

나 : 이상해. 햄버거를 보면 먹고 싶은데, 먹고 나면 만족감이 안 들어.

빙고 : 어릴 때 햄버거에 대한 기억이 좋았던 게 그 이유야. 그래서 햄버거를 볼 때마다 그 기억이 되살아나는 거야. 그런데 사실 넌 햄버거를 좋아하는 것은 아니지.

운명처럼 첫눈에 반해서 1년 이상을 죽네 사네 하며 사랑을 했다고 자부하는 사람들조차도, 결혼 후 얼마간의 시간이 지나고 나면 그것이 심각한가 아닌가의 차이만 있을 뿐 서로에 대해 불만들이 쌓이게 된다.

물론 이것은 부부간의 문제만은 아니다. 정말로 친한 친구와도 1년 동안 같은 집에서 살면 종종 원수가 되기도 한다. 생각해보면 우리들 대부분이 어린 시절 부모님과 큰 문제없이 잘 살았던 이유는 부모님이 일방적으로 희생하면서 우리를 이해해주었기 때문이다.

데이트를 즐기던 연인이 결혼을 한 후 일어난 가장 큰 변화는 무엇일까? 그것은 같은 집에서 산다는 것이고, 개인적으로만 유지되었던 사생활이 서로에게 노출된다는 것을 의미한다. 이것은 생각보다 큰 일이다.

사실 사람들은 연인에게뿐만 아니라 집 안에 있을 때와 집 밖에 있을 때 다른 모습을 보여준다. 밖에서 볼 때는 늘 깔끔하게 옷을 입고 다른 사람을 만나지만, 일단 집에 있게 되면 씻지도 않고 너저분한 상태로 하루 종일 뒹굴기도 하고, 아무 데서나 방귀를 뻥뻥 뀌기도 한다.

이것은 특별한 사람의 이야기가 아닌 바로 우리들의 이야기다. 그런 모습이 특별히 이상할 것도 없다. 그런데 다양한 관계 중에서도 남녀가 같은 집에서 살게 되었다는 의미는 환상으로 만들어진 허상이 걷히고 진정으로 모든 사생활이 공개되는 것이다.

사람들이 타인과 처음엔 좋았다가 일단 불화를 경험하게 되면 어떤 특별한 계기로 불화가 시작되었다고 생각하지만, 그 전조는 이미 충분히 나타났다고 봐야 한다. 예를 들어 친한 두 사람이 식당에 가서 메뉴를 고르다가 의견이 틀어져 싸움이 났다. 이럴 경우 단순히 메뉴 때문이라고 생각하기 쉽지만, 사실은 그 전에 이미 어떤 잠재적 문제를 가지고 있었던 것이다.

그 잠재적 문제는 어떤 식으로든 상대에 대한 실망감을 느끼게 했을 것이다. 부부가 어느 날 싸움을 하게 되면 그날 일어났던 어떤 문제 때문에 싸웠다고 인식한다. 하지만 사실은 결혼 전엔 예상치 못했던 행동이나 생활 습관 등이 눈앞에서 벌어질 때 잘 받아들이지 못함으로써 잠재된 갈등이 시작되고 있을 뿐이다.

사이가 좋을 때는 상대가 자신을 실망시켜도 바로 표출하지 않고 그냥 마음에 담아둔다. 그러다가 좋은 일을 계기로 상쇄되어 없어지기도 하지만 그것이 반복되면 폭발하는 것이다. 대부분의 부부는 함께 살면서 이것을 경험한다. 특히 신혼 초에 급격히 달라진 배우자의 태도를 보고는 크게 실망해 부부 싸움이 끊이지 않는 경우도 있다. 그러다 결국엔 이런 말들을 한다. "결혼하고 배우자가 달라졌어요.", "사람은 살아봐야 안다" 등등.

자신이 처한 상황에 따라
같은 행동은 다르게 해석되기 마련이다

이 말은 틀린 말은 아니다. 단지 이 말에 내포된 의미는 다르게 해석되어야 한다. 만약 어떤 사람이 달라졌다면, 그것은 그 사람이 달라진 것이 아니고 우리가 그 사람을 잘못 이해하고 있었을 뿐이라는 점이다. 우리가 어떤 사람을 제대로 이해하는 것은 실제로 힘든 일이기에 이런 일이 일어나는 것이다.

결혼 전 돈을 아끼지 않고 잘 쓰는 남자를 본 여자 입장에서 '나를 정말로 사랑해서 그렇구나'라고 생각할 수 있을지 몰라도, 이런 상황이 남자의 과소비가 심할 수 있다는 가능성을 알려주고 있다는 점을 인지하지 못한다.

여자 입장에서 보면 남자의 그런 행동이 자기 돈이 아니라 남자의 돈일 땐 아깝지 않아 보일 수 있다. 그러나 결혼을 하고 나서 남자의 돈이 여자의 돈이 되었을 때 상대가 계속 그렇게 하면 참지 못한다. 이때 남자가 바뀐 것이 단 하나라도 있을까?

반대로 결혼 전 아껴 쓰고 돈을 모은 남자가 믿음직하고 성실해 보였을지는 몰라도, 결혼 후에는 하나에서 열까지 잔소리만 늘어놓는 경우도 있다. 이런 예는 너무도 많아서 열거조차 힘들다.

어찌 되었건 상대를 잘못 해석한 것은 자신의 잘못이라고 판단해야 하는 것이 옳지만 현실적으로 누가 그렇게 해석을 하겠는가? 대부분의 사람들은 자신의 기대치에 못 미치는 상대에게 끝없는 불만을 갖게 될 뿐이다.

그것으로 문제가 생겨도, 그 기대치를 낮추거나 없애기보다는 상대를 기대치 수준으로 끌어올리려 할 뿐이다. 그렇다고 30년 넘게 헤프게 돈을 쓰던 사람이 어느 날 갑자기 구두쇠가 되기도 어렵고, 또 그 반대가 되기도 어렵다. 이것이 바뀌기 어려운 진짜 이유는 그들이 돈을 쉽게 쓰거나 절약하는 것 자체가 아닌, 그것을 통해 행복해하고 있기 때문이다.

그래서 돈을 잘 쓰는 사람이 돈을 못 쓰게 되면 불행을 느끼고, 돈을 아끼던 사람이 돈을 넉넉하게 쓰려면 불행하게 된다. 이러니 누가 이것을 바꿀 수 있으랴. 이들은 말로는 "돈을 써야 인심을 얻는다"거나, "돈을 아껴야 미래를 대비할 수 있다"는 식으로 자신이 느끼는 명분을 말할 뿐이다. 명분도 그렇고 실제로 행복도 느끼니 그것을 바꾸기가 무척 어려운 것이다.

어떤 식으로든 우리의 기억 속에 남아 있는 상대의 이미지와 지금 눈앞에서 벌어지고 있는 현실 사이에서 전쟁이 일어나게 된다. 그리고 보통은 기억 속의 이미지가 훨씬 낫다.

우리의 기억은 묘한 특성이 있다. 과거의 기억 중에서 고통에 대한 기억은 잘 잊어버리면서 행복에 대한 기억은 필사적으로 유지시킨다. 과거에 대한 미화는 우리가 행복하기 위한 자연스러운 사고 패턴일지도 모르겠다.

흔한 예로 남자들의 경우 힘들었던 군대에 대한 기억은 늘 재미있는 에피소드와 함께 표현되곤 한다. 그래서 남자가 군대 얘기를 할 때 그만 듣고 싶다면 "다시 군대에 들어가라"고 말해주면 된다. 아마도 대부분의 남자들은 자신이 재입대하는 식은땀 나는 꿈 이야기를 할지도 모른다.

이 원리는 우리가 상대하는 그 모든 대상에 대해서도 동일하다. 오래된 관계일수록 기억 속에 존재하는 상대의 가상적 이미지가 현재의 이미지와는 차이를 보이게 되는 경우가 종종 있다. 그래서 어떨 땐 혼자서 상대를 생각하면 미소가 지어지기도 하는데, 실제로 얼굴만 보면 화가 나는 경우도 생긴다.

이것을 일종의 권태기로 해석하기도 하는데, 이것이 권태기이든 아니든 간에 기억과 현실 사이의 괴리감이 존재한다는 것만큼은 분명한 사실이다. 불행하게도 이 괴리감은 문제를 증폭시키는 역할을 한다. 기억 속의 이미지는 좋은데 현실에서 좋지 않으면, 기억이 없어 판단할 근거조차 없을 때보다 더 악영향을 주게 되는 것이다.

그렇기 때문에 좋았던 시절이 많았던 관계일수록 문제가 생겼을 때 훨씬 강한 반발력이 생긴다. 많은 사람들은 이런 문제가 발생하면 나름대로의 해결책으로 극복해낸다. 하지만 이때 주로 쓰는 방법이 상대에 대한 포기다. 마음의 문을 닫아버리는 것이다. 그 상태까지 가게 되면 꼬인 매듭을 풀기란 너무도 힘들어진다.

마음의 문을 닫는 것은 관계 진행 상태로 봤을 때는 마지막 단계에서의 일이다. 그때는 모든 기대치를 없애는, 말 그대로 완전한 포기 상태이기 때문에 그렇다. 그래서 가능하다면 이 단계까지 가기 전에 최대한 노력해서 복구시켜야 한다. 그렇다면 어떤 방법을 써야 할까?

우리는 어떻게 이 문제를 바라보는 것이 좋을까?

이것을 해결하는 가장 현명한 방법은 매우 단순하다. 과거의 기억 속에 담겨진 상대의 이미지를 기억 속에서 지워버리는 것이다. 내가 가장 행복했던 시절 나에게 다가온 상대의 멋지거나, 다정하거나, 예쁘거나, 사랑스러운 이미지의 기억을 날리라는 뜻이니 결코 쉽지 않은 일이다.

이것이 조금이라도 성공하면 다른 광경이 펼쳐진다. 우리 눈앞에 멋진 양복과 귀여운 청바지를 입은 그와 그녀가 아닌, 털이 숭숭 난 다리를 내놓고 팬티인지 반바지인지 모를 옷을 입고 집 안을 돌아다니는 남자와, 늙고 화장도 안 한 얼굴로 아이들에게 먹일 요리를 하고 있는 여자가 존재하고 있음을 알게 된다. 다시는 과거의 시절로 돌아갈 수 없음도 알게 된다. 그 남자는 내일도 후줄근한 양복을 입고 회사로 갈 것이며, 여자 역시 언제 샀는지도 모를 옷을 입은 채 외출을 하거나 무릎이 늘어진 체육복을 입고 집 안을 청소하고 요리를 할 것이다.

흔하지는 않지만 어떤 사람들은 결혼해서 갈등을 겪다가 어떤 계기를 통해 상대의 나쁜 이미지를 모두 날려버리고는, 마치 새롭게 사귀는 사람들처럼 가까운 관계로 발전하기도 한다. 이때는 이미 사생활까지 모두 포함된 상태의 이미지이기 때문에, 시간이 흘러도 잘 변하지 않는 이미지로서 기억이 재생성된다. 이것은 어떤 의미에서 부부간에 올 수 있는 가장 큰 행운이기도 하다.

대부분의 부부는 결혼 전에는 연인이었다. 당연히 서로 아끼고 사랑해서 결혼을 했다. 그런 과정이 없었던 중매결혼이나, 돈이나 외모만 보고 한 결혼이라 해도 얼굴도 보지 못하고 결혼한 우리 부모 세대는 아니다. 자신의 결혼에 대한 의지가 분명하게 존재하고 있었다. 그런데 데이트할 땐 늘 좋은 모습만 보다가 같이 살다 보니 볼 것 못 볼 것 다 보게 되고, 결국 자신이 몰랐던 좋지 않은 정보를 쌓게 됨으로써 실망하여 싸우게 되는 것이다.

그 와중에서도 과거에 쌓인 기억의 편린을 지우지 못한다. 그것도 긍정적인 면만 골라서 기억에 남겨둔다. 그래서 상대는 늘 데이트할 때 보여줬던 매너 있는 남자였으며, 남자 앞에서는 화장도 못 고치는 아가씨였던 것이다.

하지만 각자의 눈앞에 있는 배우자의 모습은 결혼 전에는 상상도 못할 모습을 하고 있다. 서로는 현실의 상대를 과거의 기억과 비교하면서 한탄한다. 과거에 어찌어찌했던 사람이 왜 저렇게 변했나 싶어서 실망한다. 그런 면에서는 연애결혼보다 차라리 중매결혼이 낫다고 볼 수도 있다. 사랑한 기억도 없다면 실망할 일도 없다. 단지 애당초 아무것도 모르고 결혼했기에 복불복의 우연성에 의해 결정되는 불안함은 있겠지만.

만약 혼자서 상대를 떠올릴 땐 미소가 지어졌는데, 실제로 만난 후 그 미소가 지어지지 않는다면, 자신의 기억 속의 상대의 이미지가 조작되어 있다는 것을 상기해볼 필요가 있다. 눈앞에 있는 상대가 현실이지, 머릿속에 담긴 상대는 그저 기억일 뿐이다. 그것도 제대로 된 기억도 아닌, 뒤섞이고 가공된 추억일 뿐이다.

늘 상대의 현실적인 모습을 받아들이는 훈련이 제대로 된다면 다른 사람에 대해 실망하는 일은 거의 없을 수 있다. 그렇지만 이 부분에 있어서는 어쩔 수 없는 영역이 있다. 특히 소중하게 여기는 가족이나 친구들에 대해서는 거의 평생을 좋은 기억을 놓지 않고 살아가게 된다. 나이가 들어 더 이상 행복을 새로 만들어내기 힘들 땐 조작되었든 아니든 그 좋았던 시절의 추억만을 바라보게 된다. 물론 이것이 늘 단점으로만 작용하는 것은 아니다.

실제로 우리가 상대를 현실에서만 인식하게 되면 늙거나, 다치거나, 심하게 외모가 손상되거나, 치매에 걸렸을 때 어찌 그 사람에 대한 마음을 한결같이 유지할 수 있으랴. 이런 경우엔 우리 기억 속의 이미지가 매우 큰 힘을 주기도 한다.

결혼 후 변한 배우자의 모습에 실망하는 정도는 남자보다는 여자가 더할 것이다. 그 이유는 생각보다 단순한데, 남자들은 결혼을 하려고 최선을 다하기 때문에 그 목표를 달성하고 나면 자신의 원래 모습으로 되돌아가는 것이다. 남자는 여자의 기억 속에 자신의 가짜 모습을 심어두고는, 결혼하고 나서는 원래 모습으로 돌아가 여자를 크게 실망시키게 되는 것이다.

이런 상황에 맞닥뜨린 여자는 남자에게 일종의 사기를 당했다는 생각이 들면서 큰 배신감을 느낀다. 이 배신감은 넘칠 정도로 표현되어서 남자를 견디기 힘들게 하기도 한다. 남자 역시 비슷한 이유로 실망을 하고 배신감을 느낄 수 있다. 이것은 두 사람 모두가 결혼 전 얼마만큼 연기를 하고 있었느냐의 여부에 따라 갈린다. 냉정히 말하면 그 연기를 서로 간파하지 못한, 사람 보는 눈이 없는 자신의 발등 찍기를 먼저 반성해야 할지도 모른다.

결국 우리는 배우자의 기억 속에 있는 자신과 끝없이 비교당하게 될 것이다. 그리고 늘 질 것이다. 자신 역시 기억 속에 있는 배우자의 모습과 현재의 모습을 비교하면서 살아갈 것이다. 그리고 기억 속 배우자의 모습이 늘 이길 것이다.

이 승부는 오랫동안 지속되다가 결국엔 이웃집 배우자, 친구 배우자, TV 속 배우자로까지 연장될 것이다. 그리고 끝없이 비교당하는 배우자는 그 비교당함으로 지치고, 상처받고, 마음의 문을 닫게 될 것이다. 그리고 그 둘은 서서히 남남이 되어갈 것이다.

현실과 기억의 괴리감을 좁히는 노력이 필요하다

하지만 이를 해결하는 방법은 딱히 없다. 그나마 현실적인 대안은 기억 속에 간직된 상대의 모습을 지우고 현재의 모습을 보려고 노력해야 한다는 것이다. 물론 많이 실망스럽고 짜증이 날 수 있다. 하지만 이미 한 결혼을 물릴 생각이 없고, 경제적인 문제나 육아 문제로 인해 같이 살아야 한다면, 매일 싸우고 사는 것보다 이렇게라도 노력하고 사는 것이 조금은 더 나은 결혼 생활을 할 수 있게 해주지 않을까.

매일 술 마시고 늦게 들어오거나, 집에 오자마자 방에 들어앉아 게임을 하는 남자도 있다. 여자도 마찬가지다. 쇼핑에 빠져서 매일 택배가 배달되고, 집안일을 제대로 안 해서 금세 돼지우리를 만드는 여자도 있다. 이런 배우자는 어떤 면에서 답이 없다. 천성이 그렇기 때문이다. 이게 불만이라면, 이 문제의 책임은 상대방에게만 있는 게 아니다. 이런 배우자들이라면 결혼 전 충분히 그 전조가 드러났을 것이다. 그런데도 본인이 그것을 좋게 해석하거나, 다른 장점만 보느라 제대로 못 본 것이다. 그러니 이것을 어떻게 꼭 상대만의 잘못으로만 여기겠는가?

이런 상황조차도 방법을 찾으려면 찾을 수 있다. 그것은 나그네의 외투를 벗기려고 내기를 한 바람과 햇빛의 이야기에서 힌트를 얻을 수 있다. 이미 천성이 그런 이들은 바꾸려고 해도 바꿀 수가 없다. 그래서 아주 장시간의 기다림이 필요하다. 우리는 그가 스스로 바꿀 수 있도록 끝없는 따뜻함을 보여주어야 한다. 물론 결코 쉬운 일은 아니다. 상대가 자신을 강압적으로 다룬다는 느낌을 받게 되면 부작용만 초래한다.

여기에서 옳고 그름은 의미가 없다. 아무리 논리적으로 설명하고, 상식을 기준으로 설명해도 소용이 없다. 왜냐하면 그 사람의 논리는 일반 사람들과 다르고, 그 사람의 상식은 일반인 수준을 벗어나고 있기 때문이다.

이런 사람에게 논리와 상식을 요구하는 것은 아이에게 어른의 행동을 요구하는 것과 같다. 이해를 못하는데 어떻게 바뀌겠는가? 그래서 먼저 상식을 가르쳐야 한다. 그래야 대화가 통하기 시작한다. 하지만 한 사람의 상식이 바뀌는 데는 정말 오랜 시간이 걸린다.

위의 경우는 둘 중 하나를 선택해야 한다. 같이 살고 싶다면 어떻게든 노력해서 상대를 변화시키거나, 헤어져서 각자의 길을 가는 것이다. 행복하려고 결혼했는데 행복하지 못하면 따로 사는 것이 낫다.

아이나 경제적 문제로 이 두 가지 모두 여의치 않다면 제3의 길을 선택할 수도 있다. 이를 위해서는 가장 먼저 상대에 대한 과거의 모든 기억을 지워야 한다. 즉, 모든 기대치를 버리는 것이다. 그러고 나서 상대를 특정한 역할로만 규정한다. 남자라면 여자를 집안일을 해주는 존재거나 낮 동안 아이를 맡아주는 믿음직한 존재로 여기면 되고, 여자라면 남자를 경제를 책임져주는 존재 정도로만 역할을 제한하는 것이다.

이런 생각을 하면 된다. 만약 이혼 후 혼자 살면 마음은 편할지 모르지만, 각자가 돈도 벌고, 육아도 해야 하고, 집안일도 해야 한다. 하나같이 결코 쉬운 일이 아니다. 그러니 그중 하나만이라도 맡아준다면 도우미로서 좋은 존재이다. 남편으로서, 아내로서 우리가 평균적으로 가지고 있는 기대를 조금씩 버리고, 어떤 역할만 담당하는 존재로서 바라보게 되면 사실 같이 사는 것이 훨씬 낫다. 그리고 이것을 이상하게 생각할 필요도 없다. 원래 우리가 가정을 꾸리는 이유가 이것 때문이기도 하다.

그러고 나서 어떤 식으로든 남는 시간이 있다면 자신을 행복하게 해주는 것에 투자해야 한다. 그래야 가정에서 얻지 못하는 행복을 메울 수 있다. 그런데 그 행복을 찾는 자리가 자신의 불행함을 토로하는 것이거나, 화병을 참지 못해서 하는 행동은 아니어야 한다. 그 자리는 오직 자신의 행복만을 위한 자리여야 한다. 그래서 좀더 행복하게 살면 된다.

또한 이것은 좋은 효과를 일으키기도 한다. 특정 역할만 담당하고 사는 배우자에게 고마움을 느낄 수 있게 된다. 사실 배우자의 그 역할로 인해 자신이 행복을 느끼는 다른 시간을 낼 수 있었기 때문이다. 그리고 행복해진 사람들에겐 어느 정도 여유와 인내심이 생긴다. 즉, 햇빛을 비출 수 있는 여유를 가질 수 있다. 이것이 잘 진행되면 한 가정을 좋은 쪽으로 바꿀 수도 있는 것이다.

어떤 선택을 하든 개인의 자유이다. 단, 행복하고 싶다면 좀더 현명하게 행동할 필요가 있다. 당장 욱하는 성격을 참지 못해 평생을 싸우면서 살지, 어떤 식으로든 상대를 바꿔서 좋은 친구로 만들어 행복하게 살지는 스스로 결정해야 한다.

삶에 대한 정답은 주관식이다

나 : 가끔 음악을 하고 싶다는 생각이 들어.

빙고 : 하면 되지.

나 : 현실적으로 힘들어.

빙고 : 아니야. 내가 진짜 이유를 알려줄까?

나 : 뭔데?

빙고 : 네가 음악을 하지 못하는 이유는, 너는 음악을 하고 싶은 것이 아니라 음악을 해서 성공하고 싶어서 그래.

우리들 대부분은 학창 시절부터 네 개의 답 후보 중 하나의 정답을 고르는, 소위 사지선다형 시험 문제에 익숙해져 있다. 이런 형태의 시험 문제에서 우리는 그 문제를 출제한 사람(보통은 선생님)이 의도한 답을 골라야 성적을 높일 수 있었다. 거기엔 나 자신이 생각한 정답은 쓸 수가 없다.

물론 주관식 시험 문제도 있었다. 하지만 이 문제 역시 네 개의 정답 후보만 없을 뿐 하나의 답을 맞히는 것은 거의 같은 형식이었다.

우리나라에서 객관식 문제가 모든 시험의 기본 출제 방식이 된 것은, 주관식으로 할 경우 점수를 매기는 방식에 대해 많은 사람들이 이의를 제기할 수 있기 때문일지도 모른다.

우리나라 부모들의 교육열을 생각하면 이는 절대로 쉬운 문제가 아니다. 국가에서 공인하는 각종 자격증 시험 역시 마찬가지니, 우리가 평생을 통해 어떤 답을 적어야 한다면 거의 99퍼센트가 객관식, 혹은 주관식을 가장한 단 하나의 답만 요구하는 형태일 것이다.

그런데 이 객관식 형태의 문제와 채점 방식은 무엇이 문제가 될까? 물론 1+1이 몇인지 묻는 산수 문제는 그 답이 명확하다. 하지만 세상에서 부딪치는 일 중에 이렇게 명확한 것이 과연 얼마나 될까?

가끔은 동화가 현실적이다. 혹은 몹시 잔인하다

흥부와 놀부 중 누가 더 나은 사람일까?' 누구나 이런 생각을 해봤을 것이다. 누군가는 〈아기공룡 둘리〉에 나오는 고길동을 이해하면 어른이 된 거라 말하기도 한다. 과연 누가 어느 날 갑자기 나타나 집을 어지럽히고 접시를 깨먹기만 하는 이 빈대 공룡 둘리를 그저 귀엽고 순수하다고 해서 좋아만 하겠는가? 거기에 더하여 온갖 이상한 친구들이 점점 더 불어나는데 말이다(난 그럼에도 불구하고 고길동보다는 역시 둘리가 좋다).

물론 이 예는 억지일 수 있다. 하지만 여기서 말하고 싶은 것은, 우리가 어떤 것에 대한 정답을 찾는 방법에서, 누군가 예시해놓은 네 가지 답 후보군 중 하나를 고르는 방식에 너무 익숙해져 있다는 점이다.

모든 시험 문제가 그렇듯 우리는 사회에서 일어나는 수많은 문제들 역시 단순화시켜서 바라보는 것에 익숙해져 있다. 그래서 우리는 늘 정의와 악당, 옳고 그름, 선과 악의 형태로 세상을 구분한다. 이런 형태의 사고방식은 일단 편하다는 장점이 있다. 사지선다형 답이 고르기도, 채점하기도 쉽듯이 이런 정형화되고 고정화된 사고방식 덕분에 머리가 복잡해지지 않는다.

인간은 원래 복잡한 것을 싫어한다. 혼란스럽고 뭔가 알 수 없는 상태에 놓이면 스트레스를 받는다. 그래서 모든 것이 확실하고 명백한 것이 되길 바라는 경향이 매우 강하다.

하지만 세상을 너무 단순화시켜 분류해놓은 덕분에 사회를 지배하는 가치관이 획일화되는 문제가 발생한다. 때문에 우리는 선과 악 사이에 낀 '적당한 선', '적당한 악'을 판단하기가 힘들다.

「신데렐라」 이야기 속에서 우리는 나쁜 계모와 못생기고 성질 못된 언니들의 만행에 대해 알게 된다. 늘 구박당하고 고생하면서 허름

한 곳에서 자야 했던 불쌍한 신데렐라는 결국 요정의 도움을 받아 왕자와 결혼에 성공한다.

이 이야기는 신데렐라가 뛰어난 외모를 가졌다는 것으로 완성된다. 아무리 요정이 신데렐라를 멋진 의상으로 치장해주었어도 신데렐라의 외모가 왕자를 한눈에 반하게 하지 못했다면, 과연 신데렐라는 어떻게 되었을까?

이런 종류의 이야기를 들을 때 우리는 이것이 외모 지상주의를 조장하는 동화라는 점을 보려 하지 않는다. 어린 시절부터 여자의 외모가 삶에 미치는 영향에 대해 간접적인 교육을 받아왔지만, 오직 착하게 살면 인생이 핀다는 교훈만이 아이들에게 영향을 미칠 것이라고 믿는다. 「신데렐라」는 그나마 양심적이다. 거울에 대놓고 외모를 물어보고, 그것이 최고의 가치라고 주장하는 「백설공주」 이야기는 더욱 심하다.

이런 종류의 이야기에서 우리는 오직 한 가지만 받아들인다. 무조건 착하거나 불쌍한 사람 편이다. 어떤 식으로든 자신이 마음에 드는 대상을 자신과 동질화시킨 후, 그것을 통해 옳음을 정의하는 것이다. 그리고 이것을 선과 악의 대결로만 바라본다. 절대로 신데렐라의 언니 입장을 생각해보지 않는다. 못생기고 성질까지 더럽게 자란 그녀가 과연 신데렐라에게 질투심을 품지 않을 수 있었겠는가?

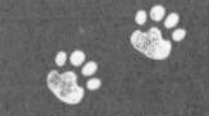

신데렐라가 왕자와 결혼한 이유는 착해서가 아니라 예뻐서이다.

이 세상의 모든 가치는 행복의 수단일 뿐이다. 오직 행복만이 목적이 될 수 있다

얼마 전 출처가 애매한 여론조사용 문항에서 '인생에 있어서 중요한 가치'를 고르는 문제가 있었다. 이 문제는 객관식이었는데 선택하는 답 후보는 '돈', '행복', '건강' 세 개였다. 이중에서 많은 사람들이 '돈'을 최우선으로 뽑았다.

물론 이 문제는 옳고 그름을 가리는 정답을 고르는 것이 아니라 개인별 가치관에 따른 선택을 고르는 것이었다. 이 조사는 현재 우리 사회에서 많은 사람이 선택한 '돈'의 가치가 모든 가치를 우선하고 있다는 점을 증명해주었다.

그런데 좀 이상한 면이 있다. '도대체 우린 왜 돈과 행복을 같은 등급에 놓고 있을까'에 대한 의문이다. 이것은 '과연 돈을 행복과 같은 등급에 놓고 선택해도 되는 것일까'에 대한 질문이다.

도대체 왜 우리는 '돈'과 '행복' 중 하나를 선택해야 할까? 이 질문을 이해하기 위해서는 돈이 가진 진짜 의미를 봐야 할 필요가 있다.

누구나 돈을 필요로 한다. 돈이 있으면 많은 것을 할 수 있기 때문이다. 그런데 왜 그 많은 것을 할까? 답은 아주 단순하다. 바로 '행복'하려고 한다. 그러면 좀 이상하지 않은가? 우리는 마치 따뜻한 이불과 포근한 잠 중에 하나를 선택하고 있는 듯하다. 이불은 포근한 잠을 위한 일반 조건인데 이불과 잠, 둘 중에서 무엇이 중요한지를 선택하고 있는 꼴이다.

돈은 행복을 위한 수단이다. 건강 또한 행복을 위한 수단이다. 병에 걸리면 가진 돈을 다 털어서라도 병을 고치고자 한다. '돈'과 '건강' 중에는 건강이 우선이기 때문이다.

하지만 돈과 건강은 행복과 같은 선상에 두고 선택할 수 있는 항목이 아니다. 어떻게 수단과 결과를 같이 취급할 수 있다는 말인가? 같은 물감과 붓을 주고 보통 사람이 그린 그림과 피카소가 그린 그림은 결과물에서 완전히 다르다. 수단은 동일해도 결과는 달라지는 것이다. 물감과 붓만 있으면 우리 스스로가 피카소처럼 그릴 수 있다고 믿는 것과 같다. 돈이라는 수단만 있으면 행복한 사람처럼 살 수 있다는 믿음으로, 우리는 '돈'을 바로 '행복'이라고 여기는 것이다. 종합해서 생각해보면 출제자나, 답을 선택한 사람이나, 특히 그중에서 '돈'을 선택한 사람 모두 문제의식을 느끼지 못했다는 점이다.

우리는 어떤 문제든 눈앞에 놓이면 정답을 맞힐 생각만 한다. 하지만 '인생에 있어서 중요한 가치'와 같은 문제는 절대로 객관식으로 내면 안 된다. 이런 방식의 문제들에 자주 노출되면 자신도 모르게 착각해서 비교하게 된다. 문제를 내는 사람이나 맞히는 사람들 모두가 '돈'과 '행복'을 비교하는 것을 당연하게 여기게 되는 것이다.

좀더 확장해서 자신만의 시간을 보내고 있는 '개인별 삶'에 대한 이야기를 해보자. 우리는 삶의 정답을 어떤 경로를 통해 어떤 식으로 정의하고 있을까?

우리는 어려서부터 부모님, 선생님, 선배, 친구, 신문, 영화, 소설 등등을 통해 많은 것을 배운다. 그리고 이 많은 것들은 각각 다양한 정의를 해준다. 어떤 것에는 정의롭게 살아야 한다고 적혀 있고, 어떤 이는 용기를 가지고 살아야 한다고 말해주기도 한다. 또 다른 이는 돈을 많이 벌고 성공해야 한다고 말하거나, 꿈을 꾸고 그것을 이루기 위해 살아야 한다고 설득하기도 한다.

어린아이들의 꿈은 매우 다양하다. 하지만 나이를 먹어감에 따라 끝없이 보고 듣는 다양한 삶의 사례를 통해 자신만의 답을 찾는다. 그리고 그것이 자신만의 정답이 된다.

하지만 좀더 생각해보자. 과연 우리 스스로 온전히 그런 답들을 찾은 것일까? 아니, 한 번이라도 자신의 답에 대해 제대로 된 고민을 한 적이 있는가? 우리의 고민은 성적, 친구, 학교, 직장, 결혼, 배우자, 부모, 돈, 노후, 건강 등의 범위에서 맴돌 뿐 인생, 삶, 존재의 의미 등에 대한 생각은 하지 않는다. 그런데 어떻게 자신만의 답을 찾을 수 있겠는가?

우리는 이미 다른 누군가가 정의한 답을 받아들였을 뿐이다. 그러고는 그것을 받아들이지 못한 이들에게 "철들지 못했다", "아직 세상 경험을 못했다", "인생 더 살아봐라"라며 비웃는다. 그러면서 자신처럼 빠르게 사회에 길들여지길 원하고 강요한다.

여기에서 그들의 답은 "돈을 벌고 성공해야 한다"는 것이다. 대한민국에서 누구나 인정하는 삶의 정답은 '직장을 잡아 열심히 일하고, 결혼해서 애를 낳고, 가정을 화목하게 꾸리며, 노후에 먹고살 수 있는 경제적 여유를 마련하는 것'이다. 이들 중 하나라도 못 이루면 그것을 '다른' 것이라고 이해하는 것이 아니라 '틀린' 것이라고 정의한다.

우리가 네 개의 답 중에 하나를 고른다면 과연 누가 이것을 채점하는 것일까? 혹시 신일까? 만약 신이라고 믿는다면 더 이상 고민할 필요가 없다. 그냥 신이 있고, 신이 그렇게 말했으니 그렇게 살면 된다. 얼마나 좋은 객관식 문제인가?

하지만 이 답을 정답이라고 채점해줄 존재는 없다. 부모님이 이렇게 사는 모습을 좋아했고 만족했다고 해서 정답이 되진 않는다. 부모님은 누군가가 그들의 자녀에 대해 물었을 때 자랑스럽게 답해주고 싶은 욕망을 가진 것뿐이다. 우리 아들과 딸은 잘살고 있으며 자신들에게 무척 잘한다고 말이다. 그 결과로 이렇게 비싼 옷을 선물해줬다고 말이다. 그리고 곧 해외여행도 보내줄 것이라고 자랑한다.

하지만 남들이 부러워한다고 해서 정답이 될 수는 없다. 그런 반응은 너무도 다양해서 가늠할 수 있는 기준점이 없기 때문이다.

그럼에도 불구하고 왜 삶에 대한 답을 결론지은 채 그렇게 살길 바라고, 다른 이들 역시 그런 삶을 추구하길 바라는 것일까? 도대체 무슨 근거로 사회가 추구하는 그 획일화된 가치, 특히 '돈'에 대한 막무가내식 추구를 강요하면서 살아가는 것일까?

이 모든 이유는 삶과 인생에 대한 정의를 객관식으로 했기 때문이다. 누군가 '인생의 중요한 가치'를 '돈', '행복', '건강', '가족'으로 정의해놓고 하나를 고른 것이기에 이런 결과가 나온 것이다. 만약 여기에 후보 답을 '우주 여행', '세계 정복', '아마존 탐험'으로 해놓았다면 벌써 우주 여행을 하고 있거나, 세계 정복을 꿈꾸는 악당이 나왔을 것이다.

돈은 중요하다. 건강도 중요하다. 가족 역시 중요하다. 하지만 세상에 중요하지 않은 것이 어디 있겠는가. 보통의 사람들은 자신이 가진 책을 보호하기 위해 목숨을 걸지 않는다. 그러나 또 다른 누군가는 유서 깊은 책을 위해, 호랑이의 보존을 위해, 아마존 밀림 보호를 위해 모든 것을 걸 수 있다. 심지어 목숨까지 거는 경우도 있다.

우리의 건강이 중요하고, 우리의 행복이 중요하고, 우리가 원하는 것을 얻기 위해 돈도 벌겠지만, 누군가는 그냥 숲 속에서 혼자 살아가는 이도 있을 수 있다. 그들의 삶이 우리와 다르다고 해서 그것이 틀렸다고 말할 수 있는 것인가?

우리가 대한민국이란 나라에서 이런 정도의 삶밖에 살지 못하는 이유는 단 하나, 단지 하나만 정답으로 정했기 때문이다. 5,000만 명이 그 정답을 향해 달리니 경쟁이 심화되고, 그래서 결국 대부분은 실패하고 아주 소수만 정답에 도달하는 것이다.

그런데 정답의 수가 1,000개라면? 각각의 정답에 1,000명씩만 도달하더라도 100만 명이 정답에 도달하는 결과가 나타난다. 만약 정답이 5,000만 개라면 당연히 정답 달성률은 100퍼센트가 된다.

그렇다면 우리 사회는 왜 정답을 단 하나로 정해놓은 것일까? 인간 사회의 가장 근원적인 모습이기 때문에 그런 것일까? 이것을 알아보기 위해 다음의 주관식 문제를 살펴보기로 하자.

1. 스스로 의식하지 못하는 행복이 가능한가?
2. 우리가 하고 있는 말에는 우리가 의식하고 있는 것만 담기는가?
3. 예술 작품은 모두 인간에 대해 이야기하고 있는가?
4. 우리는 과학적으로 증명된 것만을 진리로 받아들여야 하는가?
5. 권리를 수호한다는 것과 이익을 옹호한다는 것은 같은 뜻인가?
6. 무엇이 내 안에서 어떤 행동을 해야 할지를 말해주는가?

이 질문은 프랑스 고졸 자격시험인 바칼로레아 시험 문항 중 일부이다. 프랑스에서는 이 시험을 주관식 그리고 절대평가로 치르며, 여기에서 50퍼센트 이상의 점수를 받은 사람에게 국공립대학교 입학 자격을 부여한다고 한다.

그런데 이 질문을 보면서 이런 생각이 든다. '과연 우리나라 고등학생 중에 이런 질문지에 답을 적을 준비가 되어 있는 학생은 몇 명이나 될까?'

보통 선진국을 국민 소득이 높은 나라라고 믿는다. 그런데 돈이 많으면 선진국이 되는 것일까? 그래서 돈을 그렇게 추구하고 있는 것일까? 우리도 국민 소득 4만 달러 시대가 되면 우리나라 고등학교 졸업 시험에 저런 문제가 나오게 될까?

슬프지만 그렇지는 않을 것 같다. 이것은 기우만은 아닐 것이다. 우리가 이런 질문을 청소년들에게 던지지 못하는 한, 우리는 절대로 우리가 꿈꾸는 선진국에 진입하지 못할 것이다. 돈만 본다면 가능할지도 모른다. 벌써 3만 달러의 시대를 열고 있으니까. 하지만 삶은 그렇지 못하다.

물론 '돈'을 추구하고 성공한 삶을 꿈꾸는 것도 자신만의 답이 될 수 있다. 그런데 인간의 능력은 다양하게 발휘되기 때문에 누구나 이 시스템에서 성공할 수는 없다. 머리가 좋고, 세상을 읽는 눈이 예리하며, 타고난 부의 역할이 있을 때 우린 성공할 가능성이 높아진다. 과연 이런 조건을 타고난 이들이 몇이나 된다는 말인가? 우리 같은 일반인은 아무리 노력해도 삼성그룹의 후계자들처럼 경제적으로 성공할 수 없다.

돈을 추구하는 삶이 정답이라고 해도, 왜 자신이 경쟁력 없는 분야에 발을 들여서 결국 패배를 경험하고 평생을 두려워하면서 살게 되는 것일까? '세상의 가치는 남이 정해주는 것이 아니라 스스로가 정의하는 것'이란 사실만 알게 된다면, 그런 사회의 강요로부터 벗어나 자신만의 행복을 추구할 수 있는데 말이다.

우리는 각자 고유한 외형을 타고났음에도 모두 같은 모습이 되려고 애쓴다

우리는 생각하고 또 생각하고 또 생각하면 인생에 대한 답을 찾을 수 있다는 것을 왜 생각하지 못하는 것일까? 그리고 왜 남들이 만들어놓은 답을 곱씹으며 그 답 속에 자신의 삶을 구겨넣으면서 '왜 나는 여기에 맞지 않는가?', '왜 난 둥근 공간에 어울리지 않는 네모난 모습으로 태어난 것일까?' 하면서 세상에 대한 끝없는 불만과 자기비하로 가득 차게 되는 것일까? 그래서 결국 스스로를 깎아내는 참혹한 짓을 하면서 사는 이유는 무엇일까? 남들이 "재는 왜 네모지?"라면서 비웃기 때문에?

설령 그렇다고 해도 비웃음을 당하는 우리가 잘못인가? 아니면 둥글지 못하다고 비웃지만 자신도 둥근 몸을 만들기 위해 피를 흘리고 있는, 그러고도 결국엔 둥글지도 못한 그들이 문제인가? 이미 타인이 정한 답에 맞춰서 살아가면서, 단 한 발자국도 벗어날 용기도 없이 게으르고 아둔해서 그 삶을 벗어날 방법을 찾지 않는, 과연 그것이 정말로 정답이어야 하는가?

우리가 살고 있는 세상엔 우리가 완전히 창조한 가치란 하나도 없다. 그나마 괜찮아 보이는 종교, 사상, 철학 등에서 나온 이야기도 모두 과거의 사람들이 적어놓은 것일 뿐이다. 그래서 우리가 그것을 믿고 따를 때 결국 늘 과거 속에서만 살아갈 수밖에 없다. 내가 어떤 선택을 하든 그것은 누군가 만들어놓은 틀 안에서 다람쥐 쳇바퀴 돌듯이 종속되었다는 점도 생각해야 한다.

어떤 의미에서 이는 매우 무서운 일이다. 우리를 분명히 독립된 개체로 인정하면서, 우리 생각을 누군가 조종하려 한다면 그것은 끔찍하게 무서운 일임이 분명하다. 실제로 우리는 실체도 없는, 어떤 이들이 만들어놓은 틀 안에서 자발적으로 종속되고 있는 것이다. 즉, 우리는 영원히 어떤 누군가가 내놓은 객관식 문제에 대한 정답 선택자일 뿐, 우리 스스로 문제를 만들어 타인에게 제시하거나, 혹은 우리만의 주관식 답을 찾아 대답할 수 없다.

그런 행위는 스스로를 불안하게 만들고, 자신이 틀 안에서 튕겨져 나갈 수 있다는 두려움에 휩싸이게 한다. 그렇다면 결국 그 틀 안에서 무엇인가를 부여잡고 버텨야 하는 것이 우리의 삶이 되어야 할까?

우리의 삶은 주관식이어야 한다. 그 정답은 나만이 낼 수 있으며,

누구도 그 정답 여부를 판단해줄 수 없다. 그것이 내 삶에 있어서 자신이 주인이 되는 길이며, 지금까지 살아온 내 삶의 종노릇을 그만두는 현명한 방법이다. 이는 그냥 하는 소리가 아니다. 그리고 이렇게 살 자신이 없다면 그냥 그대로 살아라. 그것 역시 남의 답을 베껴 썼지만, 일종의 답일 수 있으니까 말이다.

하지만 주관식 문제를 푸는 것은 개도 고양이도 아닌 인간이라면 누구나 가진 능력 중 하나이다. 이것을 해보지 않아서 모를 뿐, 하지 못하는 것이 아닌 것이다. 설령 우리 세대가 이런 능력을 갖지 못했다고 해도, 다음 세대만큼은 삶에 대한 주관적 답을 내릴 수 있는 사회를 만들어주는 것이 우리 모두의 남겨진 과제이다.

변하는 것만이 유일한 진리다

나 : 저 보름달을 보고 영원한 사랑의 맹세를 했던 그녀가 떠났어.

빙고 : 달은 늘 변하는데?

나 : 휴~ 아니야. 매일 변하지만 저렇게 한 달마다 밝은 보름달로 돌아오잖아.

빙고 : 그렇지 않아. 달은 매년 지구로부터 3.8cm 멀어져. 그래서 오늘 본 달은 결코 다시 볼 수 없어.

나 : 너 그거 알어? 너 가끔 참 재수 없다는 것 말야.

어떤 현자가 있었다. 그는 지혜롭기로 이름이 나서, 많은 사람들이 찾아와 고민이나 삶의 문제를 상담했다. 그러던 어느 날 한 여인이 그를 찾아왔다.

"현자님, 저는 한 남자의 아내이고 두 아이의 엄마입니다. 저는 결혼한 지 10년이 되었고, 지금까지 행복하게 잘 살고 있었습니다. 그런데 얼마 전 남편에게 다른 여자가 생긴 것을 알았습니다. 그 사실을 알게 된 저는 배신감에 휩싸였고, 치밀어오르는 분노를 감당하지 못해 방황하고 있습니다. 저는 어떻게 해야 할까요? 저는 이혼을 해도 될까요?"

현자가 대답했다.

"마음이 아픈 분이시군요. 그런데 따로 직업이 있으신지요?"

"네, 있습니다."

"그럼, 두 아이를 많이 사랑하시는지요?"

"네, 너무도 사랑합니다."

"네, 그럼 이혼을 하세요. 그리고 힘드시겠지만 남편을 놓아주시기 바랍니다. 아마도 인연이 거기까지인가봅니다. 아이들에게는 잘 설명하셔서 아빠를 미워하지 않도록 하세요. 부부는 헤어지면 남이지만 아이들과의 인연은 끊을 수 없으니까요."

"네, 알겠습니다."

여인은 여전히 혼란스러워 보였지만, 그래도 뭔가 결심을 한 듯한 표정으로 돌아갔다.

하루가 지나자 또 다른 여인이 찾아와서 자신의 고민을 털어놓았다.

"현자님, 저는 한 남자의 아내이고 두 아이의 엄마입니다. 저는 결혼한 지 10년이 되었고, 지금까지 행복하게 잘 살고 있었습니다. 그런데 얼마 전 남편에게 다른 여자가 생긴 것을 알았습니다. 그 사실을 알게 된 저는 배신감에 휩싸였고, 치밀어오르는 분노를 감당하지 못해 방황하고 있습니다. 저는 어떻게 해야 할까요? 저는 이혼을 해야 할까요?"

현자가 대답했다.

"마음이 아픈 분이시군요. 그런데 따로 직업이 있으신지요?"

"네, 있습니다."

"그럼, 두 아이를 많이 사랑하시는지요?"

"네, 너무도 사랑합니다."

"그럼 이혼을 하지 마세요. 남편은 정말로 한 번의 실수를 한 것뿐일 수도 있습니다. 물론 또다시 남편의 실수가 반복된다면 그때는 다시 생각을 해봐야겠지만, 지금은 최대한 이해하려고 노력하세요. 아니, 이해하려고 하지 말고 아이들의 미래를 위해 본인의 감정을 최대한 억제하려고 노력하세요. 그리고 시간이 흐르길 기다리시면 됩니다."

"네…… 알겠습니다."

여인은 여전히 혼란스러워 보였지만, 그래도 뭔가 결심을 한 듯한 표정으로 돌아갔다.

그러자 현자 옆에 있던 제자가 물었다.

“스승님은 왜 똑같은 고민을 하는 두 여자에게 전혀 다른 해결책을 알려주셨는지요? 저는 도저히 이해가 가질 않습니다. 사람들 역시 이런 스승님의 대답을 이해하지 못하고 비난을 할지도 모르겠습니다.”

제자의 걱정 어린 눈길을 받은 스승은 뭔가 알듯 모를 듯한 미소를 지으며 대답했다.

“내가 두 여인에게 다른 답을 내놓은 이유는 그 여인들이 각자 다른 답을 원했기 때문이다. 어제 온 여인은 이혼을 해도 되냐고 물었고, 오늘 찾아온 여인은 이혼을 해야 할지에 대해 물었다. 둘은 같은 질문 같지만 다른 질문을 했다.”

“그것이 무엇인지요?”

“한 여인은 이미 이혼을 하기로 마음을 먹었다. 단지 그녀는 이혼에 대한 사회적 시선을 극복할 수 있는 용기와 도덕적 당위성이 필요했을 뿐이다. 해서 나는 그녀의 결심에 한 손을 얹어준 것뿐이다. 하지만 다른 여인은 이혼을 하고 싶지 않지만 주변에서 이혼을 해야 한다고 말해줬을 것이다. 그래서 그녀는 바람을 핀 남편과 같이 살아도 될 이유가 필요했다. 그래서 나는 그 이유를 준 것이다.”

“그렇군요!”

"그 어떤 진리도 고정될 수 없다. 모든 진리는 변화되어야 한다. 변화되는 것만이 유일한 진리라고 할 수 있다."

제자는 스승의 말을 듣고 조용히 생각에 잠겼다.

차가 다니는 길에는 횡단보도가 있다. 누구나 차가 다니는 길을 건널 때는 횡단보도를 이용해야 한다는 것을 안다. 신호등이 있는 경우라면 녹색 등에 불이 들어왔을 때 건너야 한다는 것도 잘 알고 있다. 이것은 초등학생만 되어도 아는 사실이다. 그래서 우리는 녹색 등이 아닐 때 길을 건너는 사람을 비난하기도 한다. 공중도덕을 지켜야 한다고 말이다. 이 비난은 정당하다.

하지만 어떤 경우엔 신호를 어길 수밖에 없을 때가 있다. 길 건너에서 한 아이가 납치를 당하고 있거나, 누군가에게 맞고 있을 때이다. 이때조차도 신호등이 바뀌길 기다리거나 횡단보도를 찾아 멀리 돌아올 생각을 한다면, 이건 비정상적인 생각이다. 특히 그 아이가 자신의 아이라고 생각하면 어떤가.

그런데 아이를 구하려고 황급히 길을 건너던 한 남자가 건너편에서 달려오는 과속 차량에 치여 죽었다. 사람을 친 운전자는 갑자기 튀어나온 사람을 감당할 수 없어서 사고를 냈지만, 결과적으로 과속을 하다가 사람을 치여 죽인 과실치사죄에 해당되는 범죄를 저지르게 되었다.

이때 과연 잘잘못을 어떻게 따져야 할까? 그리고 우리는 도대체 무엇을 근거로 그것을 판단해야 할까?

고인 물은 썩는다

횡단보도를 통해 길을 건너야 한다. 신호등이 녹색일 때 길을 건너야 한다. 차는 차도로 다녀야 한다. 이런 것들은 누구나 인정하는 질서에 대한 사실이다. 그런데 사실과 사정에 대한 내용이 함께하면 상황은 몹시 복잡해진다. 그것에 대해 확실하고 절대적인 판단을 할 수 없지만, 그럼에도 우리는 이런 문제가 생길 때마다 각자 다른 의견을 내면서 의견이 분분해진다.

의견이 많은 것은 전혀 이상한 것이 아니다. 문제는 다양한 의견이 표출될 때 자신의 의견이 진실이고, 자신과 다른 의견들은 거짓이라고 믿는 태도로 인해 일어난다. 우리가 접하는 어떤 사건들에 대한 정보는 모두 알려지지는 않는다. 말 그대로 숨겨진 사실들이 존재한다.

앞의 예에서 자신의 아이를 구하려 길을 건너다 죽은 남자는, 평소엔 아이에게 폭력을 자주 썼던 아빠일 수도 있다. 그리고 그를 친 운전자는 갑자기 쓰러진 아내를 태운 채 정신없이 차를 몰고 가던 남편이었을 수도 있다. 이렇듯 우리는 그 모든 것을 알 수는 없다.

우리가 접하는 수많은 사건들은 모두 이렇다. 우리는 모든 정보를 누군가를 통해 듣게 된다. 심지어 직접 현장에 가서 봐도 모든 것을 다 볼 수는 없다. 모든 것은 부분적으로만 접해진다. 더해서 뉴스로 들을 때 우리는 사건을 전하는 기자들의 시선과 목적에 따라 전혀 다르게 정보를 전달받을 수도 있다. 그럼에도 우리는 그것을 근거로 모든 것을 판단한다.

앞의 사건에서도 누군가는 무단 횡단을 하다가 죽은 사람으로 정보를 접하게 된다. 또 다른 누군가는 아들을 너무 사랑한 아빠의 당연한 행동으로 이해를 한다. 누군가는 아내를 살리기 위해 정신없이 차를 몰고 가던 어떤 불운한 운전자가 겪은 슬픈 사연으로 접한다.

어떤 경로를 통해 사건을 접했느냐에 따라 다수에게 비난받는 사건이 나오고, 마녀사냥이란 용어가 출현한다. 당사자가 아니면 절대로 모를 진실들이 분명히 있을 수 있음에도 우리는 피상적으로 드러난 것을 근거로 모든 것을 판단한다.

똑같은 사실도 상황에 따라 다르게 판단되어야 한다. 그럼에도 우리는 부족한 지식과 겨우 100년 남짓한 삶 속에서 경험한 것을 기반으로 다른 사람의 모든 것을 판단해낸다. 그러면서 의기양양하게 주장한다. "내가 말하는 것만이 진실"이라고 말이다. 또한 한 가지 잣대로 모든 것을 재는 것을 "일관성이 있다"고 하고, "신념이 있다"고 말한다. 하지만 일관성이나 신념은 모두 한 방향으로 굳어지고 고정되어 진실을 절대로 볼 수 없는, 죽은 자의 공허한 눈동자일 뿐이다.

그래서 우리는 현자의 말을 이해하기가 힘들다. "진리는 고정될 수 없다"는 그의 현기 어린 말을 이해하기가 힘들다. 또한 이해했다고 해도 그것을 흉내 내기조차 힘들다.

그럼에도 우리는 현자의 마지막 조언을 꼭 기억해야 한다. 그것은 바로 "변하는 것만이 유일한 진리"라는 말이다. 물이 흐를 수 있는 이유는 방해물을 만날 때 싸우는 것이 아니라 옆으로 빗겨 가기 때문이다. 맞서 싸워야 할 때도 있지만 빗겨 흐를 때도 있어야 한다. 이중 하나만이 진리가 아니다. 물은 가끔은 지하로도 흘러들어갈 수 있다. 그럴 수 있기에 물은 바다에 도착한다.

우리는 안정을 위해 고정되길 바란다. 하지만 인간이 고정되는 순간은 죽음을 맞이한 후이다. 우리는 죽음으로써 가장 단단히 고정될 수 있다. 그래서 모든 고정된 것들은 죽음과 같다. 우리가 나이를 먹을수록 고정된 관념을 갖는 이유는 죽음이 가까워지고 있기 때문일지도 모른다.

단점을 극복하려 애쓰지 말 것!

나 : 회사에 정말로 재수 없는 사람이 한 명 있어. 완전 진상 부장이야.

빙고 : 좋겠네.

나 : 뭐가 좋아? 오늘도 그 사람 때문에 스트레스 엄청 받았는데.

빙고 : 그 사람 때문에 조금만 착해도 많이 착해 보이잖아. 그래서 다들 좀 못되게 살아도 되지. 엄청 착한 사람 옆에 있는 것보다 더 큰 스트레스는 없다고.

장점과 단점, 그 묘한 조화

흔히 물이 반쯤 담긴 컵에 대한 이야기로 긍정적 사고와 부정적 사고의 차이점을 설명한다. 물이 반이나 담겨 있다고 생각하면 긍정적 사고방식이고, 물이 반밖에 담겨 있지 않다고 생각하면 부정적 사고방식이라고 해석하곤 한다.

그런데 이 평가 방식은 옳은 것일까? 이것은 잘 생각해봐야 하는 문제이다. 왜냐하면 사람들의 생각보다 이런 사고 자체가 상황마다 다르게 나타나기 때문이다.

> 백화점에서 쇼핑하는 것을 좋아하는 주부는 백화점에 갈 생각을 하는 순간, 그것을 방해할 수 있는 모든 것에 대해 긍정적인 방향으로 생각한다. 만약 눈이 와서 길이 미끄럽다면 지하철을 이용하면 된다고 생각하고, 당일에 세일을 해서 사람이 무척 많을 거라고 예상되더라도 그 정도의 복잡함은 충분히 견딜 수 있다고 생각한다. 설령 아이가 그날 몸 상태가 안 좋아도 그 증상이 별것 아니기 때문에 딱히 병원까지 갈 필요는 없다고까지 생각한다.
>
> 하지만 시댁에 가기 싫은 며느리는 눈이 조금이라도 올 것 같으면 걱정이 태산이 된다. 눈이 와서 차 운전이 힘들어지면 어떻게 될지, 자신이 운전을 하지 않더라도 걱정이 많이 된다. 물론 지하철로 갈 수 있다 하더라도 아이를 데리고 복잡한 지하철을 이용할 마음은 전혀 없다. 그리고 시댁에 사람들이 많이 모일 것 같으면, 그 복잡한 곳에 갈 생각을 하는 순간 머릿속이 지끈지끈하다. 거기에 더해서 아이가 약간의 감기 기운만 있어도 다른 일보다도 우선 당장 병원에 가야 한다고 생각한다.

여기서 백화점에 가고 싶은 사람과 시댁에 가기 싫은 사람은 다른 사람이 아니다. 같은 사람이 다른 상황에 상반된 반응을 하고 있을 뿐이다. 이 둘이 하나로 합쳐져도 아무 이상이 없다. 우리는 이렇듯 상황에 따라 동일한 것에 대해서 긍정적이고 또한 부정적이다.

그런데도 우리는 물이 반이 담긴 컵을 바라보는 시선만 가지고 그 사람의 성품을 측정하려 든다. 앞의 예에 나온 반쯤 물이 담긴 컵에 대한 반응은, 현재 얼마나 목이 마른지와 그 물을 마셔야 하는 사람이 얼마나 되는지에 따라 다른 반응이 나올 수 있다.

같은 사람과 동일 조건이라고 해도 상황에 따라 긍정적 반응이 나올 수 있고, 부정적 반응도 나올 수 있다. 행복한 일을 할 때는 긍정적이고, 하고 싶지 않은 일을 해야 할 때는 부정적이 된다. 이런 특징이 있음에도 불구하고 우리는 컵에 담긴 물처럼 사람의 성향을 단순하게만 평가하려 한다.

그중에서도 가장 크게 실수하는 것 중 하나가 사람의 단점과 장점에 대한 판단이다. 상황에 따라 장점이 될 수도 있고 단점이 될 수 있는 것들을 쉽게 한 가지로 결정 내리려 한다.

사람은 누구나 장점을 가지고 있다. 그것이 공부를 잘하거나 운동을 잘해서 직업 선택에 큰 도움을 주는 것도 있고, 말을 재미있게 하거나 사교성이 뛰어나서 삶을 풍요롭게 해주는 것일 수도 있다. 우리는 단점도 가진 존재이다. 남보다 키가 작기도 하고, 살이 쪘을 수도 있다. 열등감이 많거나 몹시 게으를지도 모른다.

단점이 늘 단점으로만 머무는 것은 아니다. 장점 역시도 늘 장점만 될 수는 없다. 단점은 상황에 따라서 장점이 되기도 하고, 장점 역시 마찬가지다. 여자에게 얼굴이 예쁘다는 것은 아주 큰 장점이지만, 그 예쁜 얼굴로 인해서 어떤 변을 당하게 될지도 모른다. 머리가 좋은 것도 마찬가지다. 머리가 좋으면 무조건 좋을 것 같지만, 잘못된 환경에 놓이면 삶 자체가 망가질 수 있다. 과거 불운했던 천재들의 삶이 그것을 증명한다.

과연 우리는 장점과 단점을 어떻게 구분하고 있을까? 이것은 쉬운 듯하면서도 어렵다.

장점과 단점을 결정하는 방법

어떤 아이가 있다. 키도 크고 얼굴도 잘생겼고 건강하고 착하다. 아이의 장점은 참 많다. 하지만 공부를 잘 못한다. 공부 말고는 다 잘한다. 그래서 어른들은 이 아이를 볼 때 "참 괜찮은데, 공부를 못해서 어떻게 하냐"며 걱정을 한다.

어떤 여자가 있다. 몸매가 참 좋다. 그런데 얼굴이 예쁘지 않다. 그래서 사람들이 뒤에서 몸매를 보고 앞으로 와서 얼굴을 확인한 후 실망한 표정으로 사라진다. 이런 경험을 몇 번 반복적으로 하니 기분이 영 좋지 않다.

이 두 가지 상황은 특별한 것이 아니다. 일반적으로 경험하거나, 실제로 그 사람이 우리 자신인 경우도 있다. 그렇다면 이런 반응은 긍정적인 것일까, 부정적인 것일까?

일단 그것을 판단하기 앞서 위의 상황에 대해 좀더 생각해보자. 놀랍게도 어떤 사람이 가진 많은 장점은 단 하나의 단점으로 가치를 잃고 있다. 한 아이가 다른 것을 잘해도 공부만 못하면 의미가 없어진다. 몸매가 아무리 좋아도 얼굴이 예쁘지 못하면 좋은 몸매가 차라리 저주가 되어버린다.

재주가 많아 사람들을 잘 돕는 사람이 정작 돈을 벌지 못하면, 쓸데없는 재주만 가져서 오지랖만 넓다고 비난받는다. 우리는 왜 장점보다 단점을 부각시키는 것에 더 익숙할까? 어떤 사람에게 장점과 단점이 동시에 존재할 때 단점에 초점을 두는 것은 일종의 부정적 인식 방법이다. 앞에서 말한 대로 부정적 인식이라는 것은 행복하지 못하거나 불행할 수 있는 것들인데, 우리는 왜 관련도 없는 다른 이들에게서 행복이나 불행을 관련시켜 느끼는 것일까?

생각하면 슬프고 황당하기까지 하지만, 누군가 잘난 사람이 있다면 자신이 초라해짐을 느끼고 결국 상대적 불행을 경험하기 때문이다. 많은 사람들은 장점만이 부각된 사람 옆에 서면 괜히 주눅이 들고 기분이 상하게 되어 있다.

옆집 아이가 키도 크고, 공부까지 잘하면서 교우 관계도 좋으면 자신의 아이와 비교가 되면서 마음이 씁쓸해진다. 그러다가 그 아이가 가진 작은 단점이라도 하나 발견하면 그것을 크게 확대한다. 옆집 아이의 발음이 이상해서 의사소통에 문제가 있거나, 키는 크지만 다리가 짧고 상체가 긴 체형이라 보기 좋지는 않을 때 그것을 눈여겨보게 되는 것이다. 그것을 통해 그 아이의 단점을 인식하고, 장점과 동일한 수준으로 단점의 문제점을 부각시키는 것이다.

이것은 결국 질투심의 일종이다. 질투심은 불행함을 상징한다. 그러니까 당연히 부정적 인식이 작동하고 있는 것이다. 사람들은 흠 잡힐 곳이 없는 '완벽한' 존재가 되길 바란다. 그래서 우리는 누구나 신체적으로나, 성격적으로나, 능력적으로나 모두 남들에게 책잡히지 않을 만큼이 되길 바란다. 그러고는 그 자신도 남의 단점을 보려고 애쓴다. 그런 단점에 대해 서로 이야기하면서 그 사람이 단점으로 인해 얼마나 불행할지를 걱정하는 척해준다. 하지만 속으로는 좋아한다. 상대적인 행복감을 느끼면서 말이다.

그런데 왜 장점보다 단점을 부각시키는 방식으로 사람을 평가하게 되었을까? 이것의 뿌리는 생각보다 깊다. 우리는 행복하기 위해서 사는 것이 아니라, 불행하지 않기 위해서 살고 있기 때문이다. 우리는 자신의 행복을 보고 사는 것이 아니라, 자신의 불행을 보고 사는 데 익숙해져 있어서 그렇다.

누군가의 단점은 다른 이들을 좀더 행복하게 해주는 장점이 된다.

우리는 서로 얼마나 행복한지를 바라봐주지 않는다. 대신 서로 얼마나 불행하지 않은지를 탐색한다. 그 사람이 어떤 것으로 행복해하고 있으면 그것을 같이 바라보며 좋아해주는 것이 아니라, 그 사람의 행복은 외면한 채 그 사람이 가진 불행함에 대해 이야기를 해준다. 그렇지만 겉으로는 행복을 바라봐주는 척을 한다. 어떤 이들의 행복을 접할 때는 속으로 다른 생각을 하더라도 겉으로는 축하해준다. 그래야 나중에 있을 자신의 행복에 그 사람 역시도 같이 축하해주기 때문이다.

이것은 겉으로는 즐겁고 행복한 얼굴을 하고 있지만, 돌아서서는 썩소(썩은 미소)를 날리는 상황이 벌어지게 한다. 그리고 어떤 즐거움도 온전히 즐길 수 없는 상황으로 이어지면서 제대로 된 행복을 경험할 수 없게 된다. 결국 우리는 다른 이들의 질투를 경계해야 하기에 기쁨을 감추고, 상대에 대한 질투를 감추기 위해서 겉으로만 웃는다. 그리고 이것은 우리를 숨 막히게 한다.

이 상황을 벗어날 수 있는 길은 오직 하나뿐이다. 그것은 바로 행복을 바라보면서 사는 것이다. 이는 어떤 일이든 장점을 바라보는 마음가짐이다. 다른 이의 단점보다 장점을 바라보려는 태도는 우리를 변화시켜 다른 이들도 자신의 장점을 바라볼 것이라고 생각하게끔 한다.

이것은 사람이 원래 자신의 기준으로 세상을 보기 때문에 나타나는 현상이다. 웃기지만 사실이다. 그래서 장점을 바라보고 살면, 장점을 바라보는 것을 기준으로 삼게 된다. 또한 자신이 충분히 만족스럽고 행복하다면, 자신의 단점은 중요하지 않다. 그리고 그 행복이 스스로 느끼는 행복일 때만 충분히 만족스러운 것이 된다.

많은 사람들은 타인의 평가를 통해 자신의 행복을 얻으려고 한다. 자신이 느끼는 행복에 대해서 타인의 공감을 원하게 되는 것이다. 그것은 행복에 대한 스스로의 확신이 없기 때문에 나타나는 현상인데, 우리들 대부분이 그렇다. 그래서 우리는 스스로의 행복에 대한 확신을 가지기 힘들다. 그나마 우리를 확신 있게 해주는 것들은 가족, 종교, 사랑 등과 같이 인류 보편적인 가치들뿐이다. 그 이외의 행복은 모두 타인으로부터 확인받아야 유지된다. 하지만 이미 말했듯 다른 이들은 그 확인에 매우 인색하다. 게다가 그 확인이 진심인지조차 알 방법이 없다. 그래서 우리는 자신의 행복을 온전히 믿질 못한다.

결국 사람들은 끼리끼리 어울린다. 서로가 느끼는 행복을 인정해 준다고 믿는 관계만 유지된다. 등산을 싫어하는 사람과 등산을 좋아하는 사람은 등산을 갈 일이 없어도 멀어진다. 우리는 다른 사람이 자신의 가치를 부정할 때 견뎌내기 힘들어한다. 우리는 상대적으로 평가되는 행복을 추구하다가 경쟁에서 밀렸을 때 그것을 견뎌내기 힘들다.

좋은 몸매를 가졌거나, 머리가 좋거나, 돈이 많은 것들은 모두 다른 이들로부터 인정받는 행복들이다. 좋은 몸매는 더 좋은 몸매가 나타나는 순간 의미가 없어지고, 머리가 좋은 사람은 더 머리 좋은 이를 만날 때 가치를 잃는다. 돈 역시 마찬가지다. 아무리 부자라도 더 큰 부자가 있기 마련이다. 그래서 이런 종류의 행복에 집착하면 결국엔 흔들릴 수밖에 없다.

우리는 남의 평가로 행복을 느낄 때 쉽게 행복을 얻지만, 이런 평가는 너무 쉽게 바뀌기 때문에 불안정하다. 그래서 다른 사람의 평가에 집착하는 사람은 기분이 쉽게 변하는 특징을 보인다. 기분이 좋다가도 언제 화를 낼지 모르는 매우 불안한 성격이 되는 것이다.

많은 사람들은 자신의 행복에 집중하기보다는 남들이 자신의 불행을 볼까봐 전전긍긍한다. 그래서 자신이 가진 많은 장점을 통해 스스로 행복을 느끼지도 못하고, 남들이 알게 모르게 지적하는 단점들에 집착해 삶을 불행하게 만드는 것이다.

도대체 단점을 어떻게 다뤄야 할까?

만약 어떤 것을 단점으로 받아들이게 되면 그것은 영원히 단점으로만 남게 된다. 못생긴 얼굴은 코미디언에게는 장점이 된다. 주변의 유혹이 적어서 바람 피울 걱정도 줄어든다. 이렇듯 단점은 상황에 따라 얼마든지 장점이 될 수 있다.

그것을 단점으로만 보는 것은 그 사람의 그릇이다. 그런데도 스스로 판단하지 않고 다른 이의 판단에 맡긴다. 불행하게 보려고 마음먹은 사람들이어서 장점도 단점으로 해석되는 마당에, 누가 봐도 단점으로 여겨지는 것들이 어떻게 장점으로 설명되겠는가? 고양이에게 생선을 맡기는 꼴이다. 어쨌든 그들은 열심히 단점을 지적해준다.

우리는 다른 사람이 자신보다 행복하면 그 사람을 자신과 같이 불행한 수준으로 만들려고 노력한다는 점을 알고 있어야 한다. 그것이 자신을 행복하게 만드는 것보다 훨씬 쉽고 빠르기 때문이다. 이것을 하향평준화라고도 한다.

"슬픔은 나누면 반이 되고 기쁨은 나누면 두 배가 된다"는 말이 있다. 이 말이 "슬픔을 나누면 약점이 되고 기쁨을 나누면 시기가 된다"는 말로 뒤틀려졌다. 슬프지만 이 말을 부정하기가 힘들다.

물론 세상 모두가 이런 것은 아닐 것이다. 우리는 별 관심 없는 것에 대해서는 정말로 기뻐해준다. 어느 집에 돼지가 새끼를 20마리 낳았다는 소식은 그냥 즐거운 소식일 뿐이다. 하지만 자신이 원하는 것에 대해서는 그러지 못한다. 우리가 그나마 덜 욕망적으로 보이는 것은 관심 있는 것이 남들과 다르거나 적어서 그럴 뿐이다.

우리는 자신의 장점만 계발하고 살아도 힘든 세상에, 자신이 가진 단점까지 모두 극복해야만 행복하다고 인정받는 세상을 살고 있다.

그래서 자신이 가진 것에 감사하지 못하고, 갖지 못한 것에 대해 불만을 가지고 산다. 단점이 단점인 이유는 타고나지 못한 것이라서 그럴 뿐인데 그것을 극복하려니 얼마나 힘들겠는가? 얼마나 많은 불필요한 시간과 노력과 에너지가 쓰이겠는가?

많은 책이나 좋은 말씀을 보면 단점보다는 장점을 보고 살아야 한다고 말하고 있다. 이것은 맞는 말이지만 이미 단점인 것을, 다른 이들이 뒤에서 수군거리는 것을 어떻게 참고 살겠는가?

여자 코미디언들 중 외모가 특이하고 연기를 잘해서 유명해진 사람들 중 살을 빼거나 성형수술을 하는 이들이 많다. 그들은 코미디언이 되기 전까지는 자신의 외모에 불만이 있었더라도 그것을 장점으로 만들었던 사람들이다. 그런데 방송에 나오면서 수많은 사람들의 악플과 보이지 않는 손가락질을 견디다 못해 어떤 식으로든 몸매나 얼굴을 고치는 것이다. 그런 사람들에게 단점보다는 장점을 바라보고 살라고 하는 말은 정말 헛소리에 불과한 것이다.

단점을 극복하는 것은 정말 어려운 일이다. 인간은 본능적으로 잘나고 싶어 하는데, 잘나지 못한 부분을 남들에게 지적받는 것을 어떻게 감당해낼 수 있단 말인가? 만약 감당한다고 해도 그건 포기이지 받아들임은 아닌 것이다. 어쩔 수 없기에 마음 한구석에 숨겨놓을 뿐이란 말이다.

그렇다면 정말 단점을 해결할 방법은 없을까?

안타깝지만 없다. 이미 단점인 것은 평생 단점이다. 물론 그것이 장점으로 작동하는 분야를 찾아서 새로운 삶을 개척할 수는 있다. 하지만 그 분야를 떠나는 순간, 그 단점은 금세 또 단점으로 돌아오고 만다. 그것은 마치 무대 위를 내려온 특이한 외모를 가진 코미디언과 같다.

단점을 잊고 장점을 보고 살라는 말은 일단 헛소리다. 그럴 수 있는 사람이라면 이미 단점으로 고민도 하지 않는다. 그렇다면 정말 방법이 없다는 말인가? 사실 있기는 하지만 엄청나게 어렵다. 그리고 그 방법은 이미 앞에서 나왔다. 즉, 다른 이들이 집착하는 것으로부터 자유를 얻어야 한다. 외모, 돈, 재산, 능력 같은 것의 가치로부터 벗어나야 한다. 사람들이 장점과 단점을 나누는 기준이 바로 그것이기 때문이다.

이 모든 것은 이득을 더 얻을 수 있는 것을 기준으로 나뉜다. 잘난 사람은 더 이득을 얻기 쉽다. 이 말은 더 행복할 수 있다는 뜻이다. 그러니 결국 다른 이들이 기준점으로 삼고 있는 이득을 위한 조건들로부터 자유로워져야 한다. 말이 쉽지 거의 불가능한 일이다. 어떻게 사람이 이득과 무관하게 살 수 있겠는가?

이것 말고도 단점 문제를 덜 느끼는 방법은 어떤 식으로든 행복해지는 것이다. 결국 장점 역시 행복을 향하고 있기 때문이다. 그러니 어떤 방법을 쓰든 행복해지면 단점은 자연스럽게 숨겨진다. 행복한 사람에게 단점은 그냥 별것이 아닌 것일 수도 있다. 가끔 그것으로 마음이 아플지는 모르지만, 자신을 행복하게 해주는 것들이 있으니 오래 마음에 남지 않는다. 이것은 가장 현실성 있는 목표지만, 행복하게 사는 것 자체도 쉽지 않기 때문에 결국 난해한 해결책이 되고 만다.

이것과 더불어 다른 이들의 장점을 보려고 노력하는 태도 역시 중요하다. 다른 이의 장점을 보려고 노력하면 상대도 우리의 장점을 보려고 한다. 가는 말이 고우니 오는 말도 곱다. 비록 그것이 연기나 입바른 소리라고 해도, 자신의 단점은 조금이라도 덜 듣는 것이 낫다.

다시 한 번 강조하지만 단점은 극복될 수 없다. 단점은 그냥 최대한 잊고 살든지, 아니면 다른 행복을 찾아서 살아야 한다. 자신의 단점을 극복했다고 소개되는 이들은 극복한 것이 아니라 다른 행복을 찾은 것이다. 그것이 단점을 장점으로 승화시켰다고 해도 마찬가지다. 좀더 나아간다면, 단점 자체를 중요하게 생각하지 말아야 한다.

단점은 그냥 이득과 손해에 대한 우리들의 관념이다. 돈을 잘 벌 것 같으면 그것을 장점이라고 하고, 손해를 볼 것 같으면 단점으로 여긴다. 손해 좀 볼 생각으로 살면 스트레스 받을 필요가 없다. 이런 손해는 단점에 매달리며 평생을 불행하게 사는 것보다 훨씬 낫다.

단점을 극복한다고 장점을 한없이 끌어올려서 우월감에 가득 찼지만, 그로 인해 숨겨진 열등감을 폭탄처럼 안고 있는 사람보다 훨씬 나은 삶을 살 수도 있다. 이런 이들은 우월감으로 다른 이들에게 상처를 주고, 자신의 열등감이 자극되면 폭발하고 만다. 이렇게 극복된 단점이라면 차라리 극복 안 하는 편이 더 낫다.

주변에서 자신의 단점을 자극하는 사람은 극복하려 하지 말고 관계를 끊어야 한다. 그가 누구든 관계를 유지해서는 안 되는 존재이다. 이런 사람은 못생겼을 땐 못생겼다고 지적하고, 성형해서 예뻐지면 성형했다고 지적할 사람이다. 이들은 몸이 뚱뚱하면 뚱뚱하다고, 살을 빼면 영양이 불균형해져서 몸에 안 좋다고 말해줄 것이다.

뚱뚱해서 고민인 사람이 있다면, 한 번쯤 큰 변화를 줄 수 있는 계기가 있음을 생각하는 것도 좋다. 인생에 있어 이런 기회는 흔치 않다. 살이 쪄서 고민인 사람은 단 한 번이라도 살을 뺄 수 있을 때 엄청난 변화를 줄 수 있다. 그 변화는 평생을 함께할 수 있는 소중한 힘이 되어줄 수 있다.

이것은 모든 단점 중 몇 안 되게 극복할 수 있는 것이다. 힘들지만 변화할 수 있다는 희망이 그 단점을 긍정적으로 만들어준다. 그래서 행복해질 수 있다면 해볼 만하지 않겠는가? “뚱뚱한 사람은 긁지 않은 복권”이란 말도 있다. ‘어떤 계기로 살을 빼고 나면 도대체 어떤 사람이 나올지 모를 일’이란 뜻이다.

현재가 과거를 정의한다?!

나 : 나도 성공하고 싶다.

빙고 : 성공이 뭔데?

나 : 유명해지고, 돈도 많이 벌고, 사람들이 알아주는 그런 것?

빙고 : 은행 강도로 성공해봐. 그럼 유명해지고, 돈도 많이 벌고, 현상금이 붙어서 금세 알아봐줄걸?

흔히들 인간은 추억을 먹고 사는 존재라고 한다. 여기에서 추억은 기억의 일부이며, 무수히 많은 기억 중에서 행복했기에 소중히 여기는 기억을 모은 것을 의미한다. 추억을 회상하는 것은 과거의 행복했던 기억을 되살리게 하기 때문에 우리를 행복하게 해준다.

과거 즐거웠던 한때, 행복했던 시절, 좋은 사람들과의 따뜻한 만남, 새롭고 신기한 볼거리, 마음 한구석을 적셔주던 멋진 풍경 등은 살면서 힘들 때나, 혹은 가끔 거울을 보다가 불현듯 떠오를 때 우리 얼굴에 따스한 미소를 머금게 해준다. 정말 좋은 추억들은 친구처럼 평생을 우리와 함께하기도 한다.

추억을 포함한 기억 자체는 우리를 정의한다. 그중에서 추억에 관련된 부분은 우리가 어떤 의미를 가지고 있는지를 추가적으로 정의한다. 기억이 자신만의 형태를 결정하는 것이라면, 추억은 자신만의 고유의 색을 입히는 것이다. 기억 속에 남아 있는 과거에 우리가 했던 행동, 말, 일 등을 통해서 나는 타인으로부터 정의되고, 스스로도 나 자신을 정의한다.

오늘 나 자신에 대한 정의는 어제를 포함한 기억 가능한 모든 것을 통해서 이루어진다. 물론 최근의 일일수록 더 강하게 영향을 미친다. 우리 자신에 대한 타인의 판단 역시도 마찬가지다. 그들 역시도 과거의 나와 연관된 기억을 통해서 오늘의 나를 정의한다. 그들은 자신도 모르게 꾸준히 쌓은 이미지를 통틀어 고정된 하나의 이미지로 만든다. 그것은 좀처럼 바뀌지 않는데, 오래된 사이일수록 더욱 그렇다.

그런데 이렇게 중요한 역할을 하는 기억은 놀랍게도 현재에 의해 영향을 받는다. 원리상 과거를 통해 현재가 정의되기 때문에, 이의 반대인 현재가 과거에 영향을 미친다는 말은 매우 파격적인 느낌으로 받아들일 수 있다. 원인이 있고 결과가 생겨야 하는데, 결과 그 자체가 원인에 영향을 미치고 있기 때문이다.

우리의 현재는 반드시 과거를 통해 정의되어야 하지만, 우리는 현재를 기반으로 과거를 평가하는 것에 매우 익숙해져 있다. 그래서 현재에 따라 동일한 과거는 다르게 판단되고, 그 결과 현재의 자신도 다르게 정의되어버린다.

우리는 성공한 사람의 말을 듣는 것이 아니라, 성공했기 때문에 듣는다

찌질하게 백수 생활을 하던 사람도 중요한 국가고시에 합격해 성공하게 되면 그 찌질했던 과거는 재미난 추억이 되기도 하고, 도약하기 위해 움츠렸던 힘든 시절로 포장되기도 한다. 하지만 합격하지 못하면 지난 과거는 찌질했던 불행한 과거가 되고, 불필요한 인생의 낭비로 기억된다.

우리가 소중히 여기는 추억은 이것의 가장 좋은 예 중의 하나이다. 특히 정말로 힘들었던 고생은 시간이 지나면서 잘 포장되어 좋은 추억으로 자리 잡는다. 우리는 이것을 평생 동안 추억이라고 여기고 살아가는 것이다. 그런데 그 추억이 아직도 진행 중이라면 어떨까? 군대에서 고생했던 것을 추억으로 말하는 남자들을 다시 그 시기로 보낸다면 말이다. 아마도 그들은 죽는 것이 낫다고 할지도 모른다.

우리는 이런 식으로 현재 자신의 모습을 기반으로 과거를 평가하기에 수많은 오류를 만들어낸다. 결론을 통해서 원인의 의미를 해석하기 때문에 결론이 달라질 때마다 원인에 대한 해석이 달라진다. 이것은 어떤 경우에도 제대로 정의될 수 없지만, 어느 한순간만 보면 우리는 자신의 삶을 무척 확고하게 판단한다.

성공한 사람들은 과거 힘든 시절을 잘 포장한다. 결론적으로 성공했기 때문이다. 누구나 힘들고, 찌질하고, 고생하고, 불행했던 시절을 가지고 있지만, 성공한 소수 사람만이 그것을 힘든 시련의 시기였다고 말한다.

실패한 다수는 생각하고 싶지도 않은 암흑의 시기일 뿐이다. 이것은 현재 당장 힘들고, 고생하고, 불행한 사람들에게 희망을 준다. 현재의 고생이 번듯한 미래의 자신을 만들어줄 수 있다는 희망이 되기 때문이다. 그 미래가 이루기 쉬울수록 효과는 작지만 말이다.

우리는 각종 매체를 통해서 나름 성공했다고 평가되는 사람들이 젊은 시절을 회고하는 이야기를 들을 수 있다. 그들은 젊은 시절 가졌던 편협하고 어리석은 자신의 눈높이를 후회하기도 하고, 과거에 더 소중히 여기지 못했던 가치들에 대해서 아쉬움을 표현하기도 한다. 그래서 돈보다는 친구들에게 더 많은 관심을 가질 것이라든가, 실패를 두려워하지 말고 도전해볼 걸이라든가, 외모보다는 마음이 아름다운 사람이 되었어야 했다든가 하는 식의 표현을 쓴다. 이것은 자신이 겪은 고난을 현재가 있을 수 있었던 자양분으로 표현하는 것과 비슷한 맥락을 갖는다. 현재의 성공을 기반으로 과거에 좀더 행복함을 위해 살지 않았을까를 후회하는 것이다.

모든 사람에게 과거는
시간이 지날수록 자신에게 유리하게 변형된다.

성공한 사람들은 두 가지 형태로 과거를 변형시킨다. 하나는 현재의 성공을 기반으로 과거의 고생을 미화하는 것이고, 다른 하나는 성공한 상태를 고정시킨 상태에서 과거에 좀더 하고 싶은 일들을 하고 살았어야 한다고 후회하는 것이다. 1,000원이 없어서 컵라면도 사먹지 못했던 과거는 현재의 자신을 있게 한 채찍질이 되고, 성공만을 보고 달려오다 보니 친구도, 가정도 제대로 챙기지 못한 자신이 후회된다고 고백한다. 다시 살 수 있다면 친구와 가정을 좀더 중요하게 여기고 살 것이라고 말한다. 물론 현재의 성공이 유지되어야겠지만 말이다.

두 가지 해석이 가지고 있는 문제는 동일하다. 현재의 상태를 기반으로 해서 동일한 과거를 임의대로 재해석했다는 점이다. 그러므로 성공한 노인이 전 재산을 털어서라도 고생했던 젊은 시절로 돌아가고 싶다고 말하는 모습은 어떤 면에서 우습게 느껴진다. 그런 말을 들으면서 '젊음의 가치가 그리 높은가'라고도 생각할 수 있지만, '그 노인이 젊은 시절 정말로 비참하게 살았고 현재도 비참하다면 그런 말을 했을까' 하는 의문도 든다.

정작 자신의 과거를 재해석하는 사람들조차도 이런 숨겨진 심리에 대해서 인식하지 못한다. 그래서 현재의 상태가 어느 정도 고정이 되고 변화가 없는 상태가 되면, 자신도 모르게 본격적으로 과거 치장하기에 나서는 것이다.

그럼에도 사람들은 이들의 이야기에 귀를 기울인다. 성공하지 못한 사람들의 이야기는 처음부터 들으려고도 하지 않는다. 그들은 결국 실패한 사람들이며, 그들이 살아온 과정은 바로 실패를 향한 길로 여겨지기 때문이다.

현실 속에서 멘토의 역할이나 정신적인 지주 역할을 하는 이들의 모습도 이와 다를 바가 없다. 다른 이들이 성공했다고 인정해주니까 그렇게 말하는 것이다. 재미있게도, 듣는 이들 역시도 포장된 과거를 듣고 싶어 한다. 그래야 현재의 자신이 겪고 있는 고생이 덜 불안하기 때문이다.

1,000원이 없어서 컵라면도 못 먹었다는 성공한 CEO의 과거 이야기를 들으면서, 지금 컵라면을 먹고 있는 자신의 처지가 덜 비관적으로 느껴지는 것이다. 더불어 미래엔 자신도 그런 모습이 될 수 있으리란 희망도 품게 된다.

그러나 청중들 중에서 1퍼센트도 그런 행운을 얻긴 힘들다. 그 1퍼센트는 다시 자신의 젊은 시절 고생했던 기억을 다음 세대의 젊은이 앞에 서서 반복할 것이다. 컵라면 먹던 시절의 어려움에 대해서 말이다. 하지만 나머지 99퍼센트는 강단에 설 수 없어서 자신의 실패를 말할 기회조차도 얻지 못한다.

우리는 이런 식으로 자신의 삶을 조금이라도 더 낫게 치장하는 것에 대한 인식도, 잘못됐다는 의문도 품지 않는다. 이것은 과거에 있던 일을 조금이라도 유리하게 해석하려는 본능과, 그 일을 겪은 삶이 조금이라도 의미 있고 싶은 욕망에서 비롯된 사고방식이다. 누구나 고정된 과거를 유리하게 판단하려 하고, 그것을 최대한 이용해서 현재의 자신을 치장하려고 노력한다.

이것은 알고 하는 거짓말이 아니다. 우리는 놀랍게도 필요하면 기억을 조작해서라도 그것을 합리화시키는 능력이 있다. 처음엔 스스로도 확신하지 못한 가운데 한두 번 얘기하다가 그것이 반복되면 자신이 한 거짓말을 믿게 되는 것이다. 그래서 사람 간의 갈등이 생겼을 땐 반드시 양쪽 이야기를 모두 들어봐야 한다. 한쪽 이야기만 듣고 판단했다간 아주 낭패를 볼 수 있다. 단 한 명도 과거의 사건을 100퍼센트 객관적으로 말하지 않는다. 실제로 그 자신을 객관적으로 믿고 있는지 모르겠지만, 그것은 불가능하다.

누군가가 자신의 어려웠던 과거를 말할 땐 대부분 현재의 성공을 근간으로 하고 있다는 생각도 해야 한다. 누구나 충분히 성공하면 노숙을 했던 일이나 남의 푼돈을 훔쳤던 범죄 행위까지도 웃으면서 이야기할 수 있다. 그런 불우한 과거가 더욱 심각할수록 사람들은 더욱 더 공감해주고 존경해주기도 한다.

사람들은 상대적으로 바닥에 있던 사람이 그것을 이겨내고 성공한 이야기에 감동한다. 그것을 듣는 자신이 지금은 비록 바닥에 있더라도 언젠간 성공할 수 있다는 희망을 갖게 해주기 때문이다. 그렇게 고생을 했으니 지금 행복할 권리를 획득했다고 이해해주는 것이다. 그래서 성공한 사람이 다른 이들의 질투를 받지 않으려면, 과거에 고생한 내용을 많이 이야기하면 된다.

이미 앞에서 말했듯 현재를 기반으로 과거를 판단하는 일은 시작부터가 매우 이상한 일이다. 과거는 이미 일어난 사건인데 그것을 현재의 상태에 맞춰서 '해석'만 달리하고 있는 꼴이기 때문이다. 그러면서도 다들 그것을 매우 확실한 사실인 양 자신감 있게 표현한다.

우리는 이미 일어난 과거에 자꾸 엉뚱한 색을 입힌다. 이미 일어난 모습을 자꾸 변형시킨다. 심지어 일어나지도 않은 사건을 있었다고 착각하기도 한다. 우리는 과거에 있었던 생각하기 싫은 사건을 머릿속에서 지우기도 한다. 그러면서도 자신의 기억을 좀처럼 의심하지 않는다. 그래서 경험을 중요한 진실 판단 기준으로 삼는다. 모두들 자신의 기억과 다른 이의 기억이 다르다고 느끼면 싸우든 내기를 하든 한다. 그리고 나이를 먹어갈수록 과거를 점점 더 확신한다.

우리는 그런 식으로 입맛에 맞게끔 과거를 변형시킨 후, 조작된 기억이 진실이라고 믿는 것에 익숙해진다. 그래서 모든 사람에게 과거는 시간이 지날수록 자신에게 유리하게 변형되고 있다.

우리는 원래 기억을 통해 자신을 정의하고, 타인에 의해 정의된다. 그런데 이것이 우리들 머릿속에서 계속 변형되면 결국 다른 이들이 생각하는 자신과 스스로 생각하는 자신은 점점 격차가 벌어진다. 이것이 심할수록 더욱더 격차가 벌어져 결국 갈등의 원인이 되기도 한다.

스스로는 자신을 선하고 착하며 이타적인 사람이라고 믿고 살지만, 다른 이들의 기억 속엔 착하기는커녕 이기적인 존재라고 저장되어 있다. 그래서 자꾸 충돌이 벌어진다. 어떤 시도를 할 때 그동안 쌓은 인덕으로 인해 원하는 것을 충분히 가질 수 있다고 믿지만, 다른 이들은 그럴 권리가 없다고 믿기에 그것을 막는다.

부부 싸움이 난 후 남편과 아내의 말을 각자 들어보면, 둘의 기억 속에 있는 상대의 행동은 같은 사람이라고 믿기 어려울 정도이다. 이들은 자신이 상대방의 행동을 명확하게 기억하고 있다고 믿는다. 하지만 이미 다르게 변형된 기억은 자기 자신에게만 옳을 뿐이다. 결국 이것이 끝없는 갈등을 불러일으킨다.

문제는 이런 변형을 우리가 인지하는 것이 정말로 어렵다는 점이다. 심지어 변형이 일어나는 것 자체도 이해하지 못한다. 그래서 우리는 늘 이에 대한 인식적인 한계점을 가질 수밖에 없다. 그럼에도 불구하고 이를 극복하기 위한 노력을 게을리하면 안 된다. 현재의 기준으로 과거를 판단하는 것은 커다란 어리석음을 불러오며 자신을 과도하게 판단하는 계기가 된다는 점을 늘 마음속에 새겨둬야 하는 것이다. 그래야 오늘 스스로 옳다고 철석같이 믿고 있는 그 어떤 것이 과거엔 옳지 않을 수 있으며, 미래의 어느 날도 옳지 않을 수 있다는 점을 이해할 수 있게 된다. 즉, 모든 것은 변화한다는 진리를 이해할 수 있는 것이다.

이것은 삶을 대할 때 좀더 유연한 태도를 가질 수 있게 해준다. 그러면 성공한 사람들의 이야기를 조금 덜 집중해서 듣게 된다. 그로 인해 그들과 비교하며 생기는 열등감이나 패배의식을 덜 느끼게 된다. 자신의 삶에 더 집중하고 다른 이의 삶에 덜 관심을 갖게 되는 것이다. 사실 우리가 다른 이에게 관심을 가져야 할 것은 따로 있다.

우리의 관심은 성공이 아닌 행복을 향해야 한다

우리가 진짜로 관심을 가져야 할 것은, 성공한 사람들의 성공 얘기가 아닌 그들의 행복이다. 그것은 흉내나 따라하기가 아닌 그 사람의 행복을 이해해주는 것이다. 우리는 늘 다른 이들의 성공에 대한 이야기에만 귀 기울인다. 행복에 대한 관심도 결국 그 속을 들여다보면 사회적 성공으로 만들어진 행복에 대한 관심일 뿐이다.

행복한 삶을 사는 것에는 성공 이외에도 수많은 길이 있다. 어쩌면 사람 수만큼의 길이 있을지도 모른다. 우리는 모두 자신만의 행복을 찾아 살고 있다. 성공이나 돈만으로 행복을 정의해버리면 행복할 수 있는 사람들의 숫자는 턱없이 줄어들고, 다른 이들의 행복을 그냥 쉽게 바라볼 수가 없게 된다. 말 그대로 질투가 나는 것이다.

우리는 자신의 행복과 다른 종류의 행복을 관대하게 바라볼 수 있다. 개를 키우는 행복을 느끼는 사람은 그림을 그리면서 행복한 사람을 질투하지 않는다. 각자가 행복하기 때문에, 상대의 행복으로 가는 방법을 인정해주고 둘 모두 행복하다는 것만을 이해한다.

우리는 같은 것을 추구하는 과정에서 만나는 이들만을 부러워한다. 여행을 좋아하는 이들은 자기보다 더 많은 곳을 여행한 이를 부러워한다. 그림 그리는 것을 좋아하는 이들은 자기보다 그림을 더 잘 그리는 사람을 부러워한다. 그렇지만 여행을 좋아하는 이는 그림을 잘 그리는 사람의 행복만을 바라본다. 그림을 좋아하는 사람은 많은 여행을 가본 사람의 행복만을 본다.

우리는 우리가 믿는 것과는 다르게 다른 사람들에게 거의 관심이 없다. 우리가 다른 이들에게 관심을 가질 때는 오직, 그 사람이 이룬 것을 자신이 갖고 싶을 때뿐이다. 우리는 부럽고 질투가 날 때 상대에게 관심을 갖는다. 그 외엔 상대가 자신에게 더 관심을 가져주길 바란다. 즉, 자신의 행복을 바라봐주길 바란다.

우리는 자신이 행복할 때면 다른 이들의 존재는 머릿속에서 지워버린다. 단지 불행할 때만 유일하게 다른 이들의 삶을 바라보고 마음에 담아두는 것이다.

참고문헌

고쿠분 고이치로, 『인간은 언제부터 지루해했을까?』, 최재혁 옮김, 한권의책

김선희, 『철학이 나를 위로한다』, 예담

닉 레인, 『미토콘드리아』, 김정은 옮김, 뿌리와이파리

〈닥터 하우스〉 시즌 1~8 전편 (OCN 방송)

데이비드 달링, 『불가능한 도약, 공간이동』, 박병철 옮김, 한승

데이비드 베레비, 『우리와 그들 무리짓기에 대한 착각』, 정준형 옮김, 에코리브르

로맹 롤랑, 『라마크리슈나』, 박임·박종택 옮김, 정신세계사

리처드 도킨스, 『이기적 유전자』, 홍영남·이상임 옮김, 을유문화사

리처드 도킨스, 『확장된 표현형』, 홍영남 옮김, 을유문화사

마르쿠스 아우렐리우스, 『명상록』, 키와 블란츠 역, 다상

마이클 탤보트, 『홀로그램 우주』, 이균형 옮김 , 정신세계사

마치오 카쿠, 『평행우주』, 박병철 옮김, 김영사

마크 트웨인, 『인간이란 무엇인가』, 노영선 옮김, 이가서

브라이언 그린, 『멀티 유니버스』, 박병철 옮김, 김영사

브라이언 그린, 『엘러건트 유니버스』, 박병철 옮김, 승산

브라이언 그린, 『우주의 구조』, 박병철 옮김, 승산

빅터 플랭클, 『삶의 의미를 찾아서』, 이시형 옮김, 청아출판사

셸리 케이건, 『죽음이란 무엇인가』, 박세연, 엘도라도

쇼펜하우어, 『쇼펜하우어의 인생론』, 최민홍 옮김, 집문당

스티븐 스트로가츠, 『동시성의 과학, 싱크 SYNC』, 조현욱 옮김, 김영사

아인슈타인, 『상대성 이론/나의 인생관』, 최규남 옮김, 동서문화사

에르빈 슈뢰딩거, 『생명이란 무엇인가, 정신과 물질』, 전대호 옮김, 궁리출판

오쇼 라즈니쉬, 『반야심경』, 손민규 옮김, 태일출판사

오쇼 라즈니쉬, 『서양의 붓다 : 헤라클레이토스 강론』, 손민규, 태일출판사
오쇼 라즈니쉬, 『십우도, 근원을 찾아 떠나는 구도 여행』, 손민규 옮김, 태일출판사
오트프리트 회페, 『임마누엘 칸트』, 이상헌 옮김, 문예출판사
이정우, 『주름, 가래, 울림 』(라이프니츠와 철학), 거름
조너던 와이너, 『초파리의 기억』, 조경희 옮김, 이끌리오
조너던 와이너, 『DNA 딜레마』, 박미경 옮김, 이끌리오
존 호건, 『과학의 종말』, 김동광 옮김, 까치글방
지그문트 바우만, 『고독을 잃어버린 시간』, 조은평·강지은 옮김, 동녘
지두 크리슈나무르티, 『완전한 자유, 크리슈나무르티 선집』, 김영호 옮김, 청아출판사
최훈, 『라플라스의 악마, 철학을 묻다』, 뿌리와이파리
칸트, 『순수이성비판』, 이명성 옮김, 홍신문화사
칼 세이건, 『코스모스』, 홍승수 옮김, 사이언스북스
커크 헤리엇, 『지식의 재발견』, 정기문 옮김, 이마고
케네스 W. 포드, 『양자세계 여행자를 위한 안내서』, 김명남 옮김, 바다출판사
토머스 키다, 『생각의 오류』, 박윤정 옮김, 열음사
티모시 윌슨, 『내 안의 낯선 나』, 정명진 옮김, 부글북스
폴 스타인하트, 닐 투록, 『끝없는 우주』, 김원기 옮김, 살림출판사
F. W. 니체, 『짜라투스트라는 이렇게 말했다』, 사순옥 옮김, 홍신문화사
프리초프 카프라, 『현대 물리학과 동양사상』, 김용정·이성범 옮김, 범양사
프리트헬름 슈바르츠, 『착각의 과학』, 김희상 옮김, 북스넛
플라톤, 『소크라테스의 변명』, 황문수 옮김, 문예출판사
헬렌 피셔, 『왜 사람은 바람을 피우고 싶어할까』, 최소영 옮김, 21세기북스